Alles über Zwerg- und Goldhamster

Michael Mettler

Alles über
Zwerg- und Goldhamster

FALKEN

ISBN 3 8068 1012 5

Titelbild: Reinhard-Tierfoto, Heiligkreuzsteinach-Eiterbach
Umschlaggestaltung: Zembsch' Werkstatt, München
Fotos: Reinhard-Tierfoto, Heiligkreuzsteinach-Eiterbach: S. 1, 16, 46, 58, 68, 83;
alle anderen Fotos: Michael Mettler, Langenhagen
Zeichnung Vignette: Hilde Adamczyk, Erding
Gesamtkonzeption: Falken-Verlag GmbH, D-65527 Niedernhausen/Ts.

817 2635 44

Inhalt

Vom Wildtier zum Hausgenossen

Die Sippschaft der Hamster

Hamster gehören zoologisch zur großen Gruppe der Nagetiere. Zu ihren näheren Verwandten zählen Tiere wie die Feldmaus, die Bisamratte und die Wüstenrennmaus, was man auf den ersten Blick gar nicht vermuten würde. Aber all diese Tiere gehören – wie die Hamster – zur großen Familie der Wühler, wissenschaftlich *Cricetidae* genannt, die weltweit vermutlich über 2000 Arten umfaßt.

(Die »Echten Mäuse«, zu denen zum Beispiel unsere Haus- und Waldmäuse, aber auch die Wanderratten gehören, bilden eine ganz andere Familie *(Muridae)* und sind, trotz gewisser Ähnlichkeiten im Aussehen, nicht näher mit den Hamstern verwandt.)

Die wilden Verwandten unserer als Heimtiere gehaltenen Gold- und Zwerghamster sind in Europa und Asien zu Hause.

Die europäischen und asiatischen Arten der Hamstersippschaft unterteilt man nach ihrer unterschiedlichen Größe gern in Groß-, Mittel- und Zwerghamster.

Der einzige Vertreter der Großhamster in Europa und Asien ist der auch bei uns vorkommende Feldhamster *(Cricetus cricetus)*. Er erreicht fast Meerschweinchengröße und ist schon wegen seiner eigenbrötlerischen Lebensweise kaum als Heimtier geeignet; außerdem steht er in Deutschland unter Naturschutz.

Die Mittelhamster werden in erster Linie durch unseren wohlbekannten Goldhamster *(Mesocricetus auratus)* repräsentiert. Ob der Rumänische oder Schwarzbrust-Hamster *(Mesocricetus newtoni)* wirklich

Der Europäische Feldhamster wird fast so groß wie ein Meerschweinchen. Er ist ein griesgrämiger Einzelgänger und eignet sich nicht als Heimtier. Zudem steht er bei uns unter Naturschutz

Seine Vorderfüße gebraucht der Hamster fast wie Hände. Er kann damit klettern, graben und die Nahrung festhalten

eine eigene Art ist oder nur der nördliche Vertreter des (wie er vollständig heißt) Syrischen Goldhamsters, ist noch nicht ganz geklärt.
Auch eine Art der Zwerghamster kommt auf europäischem Boden vor, und zwar der Graue oder Balkan-Zwerghamster *(Cricetulus migratorius)*. Zur gleichen Gattung zählt auch der in letzter Zeit häufiger als Heimtier gehaltene Chinesische Streifenhamster *(Cricetulus griseus)*, auch wenn er in China zu Hause ist.
Obwohl es merkwürdig klingt, gibt es auch unter den Zwerghamstern sehr große Arten; in diesen Fällen beweist ihre Anatomie, daß sie eben dorthin und nicht zu den Großhamstern gehören. Der größte Zwerghamster erreicht nicht nur Rattengröße, sondern sieht mit seinem langen Schwanz auch so aus und heißt daher folgerichtig Rattenartiger Zwerghamster *(Tscherskia triton)*. Es gibt auch einen Mausartigen Zwerghamster *(Calomyscus bailwardi)*, der von einer wirklichen Maus kaum zu unterscheiden ist. Allerdings gelangen diese beiden Arten genausowenig wie der in der Größe dazwischenstehende Eversmann-Zwerghamster *(Allocricetulus eversmanni)* in den Zoohandel, ja sie wurden überhaupt erst wenige Male nach Europa eingeführt.
Zunehmend häufiger trifft man dafür in Zoogeschäften und bei Liebhabern auf Vertreter der sogenannten Kurzschwänzigen Zwerghamster, wobei am häufigsten der Dsungarische Zwerghamster *(Phodopus sungorus sungorus)*, auch Sibirischer Zwerghamster genannt, angeboten wird. Seine östliche Unterart ist der seltener gehaltene Campbell-Zwerghamster *(Phodopus sungorus campbelli)*, und der Zwerg der Sippe ist der winzige Roborowski-Zwerghamster *(Phodopus roborovskii)*, die kleinste Hamsterart überhaupt.

Der relativ lange Schwanz des Chinesischen Streifenhamsters weist auf seine Verwandtschaft mit den Wühlmäusen hin

Der Dsungarische oder Sibirische Zwerghamster wird erst seit kurzem im Zoohandel angeboten

Der Campbell-Zwerghamster, eine Unterart des Dsungarischen Zwerghamsters, wird noch selten angeboten

Die kleinsten Vertreter der Hamstersippe sind die Roborowski-Zwerghamster. Ihre Heimat ist die Wüste

Aussehen und Lebensraum

Von allen aufgeführten Arten kommen praktisch nur vier als Heimtiere in Frage: Goldhamster, Chinesischer Streifenhamster, Dsungarischer – mit seiner östlichen Unterart des Campbell-Zwerghamsters – und Roborowski-Zwerghamster. Von diesen vier Arten wird deshalb in den folgenden Kapiteln die Rede sein.

Den *Goldhamster* muß ich nicht beschreiben, denn wohl jeder hat schon einmal dieses Tier gesehen oder sogar besessen. Der Begriff »Goldhamster« umfaßt dabei auch die ungezählten Farbvarianten sowie die langhaarigen Teddyhamster. Der Goldhamster ist ein Wüsten- und Halbwüstenbewohner, lebt aber in seiner Heimat Kleinasien auch in Getreidefeldern. Sein goldfarbenes Fell ist in seinem natürlichen Lebensraum eine hervorragende Tarnung. Merkwürdigerweise ist ausgerechnet über das Freileben des Goldhamsters weniger bekannt als über das seiner kleineren und größeren Verwandten.

Der *Chinesische Streifenhamster* wird höchstens 11 cm groß und ist damit halb so groß wie ein Goldhamster, hat aber dessen langgestreckte Gestalt und die gleiche Bewegungsweise. Sein oberseits graues Fell wird von einem schwarzen Längsstrich verziert. Diese Art ist am wenigsten auf einen bestimmten Lebensraum spezialisiert. Er meidet in seiner Heimat China lediglich Sandwüsten, Hochgebirge und feuchten Untergrund.

Auch der *Dsungarische Zwerghamster*, der nur etwa 9 cm groß wird, besitzt, wie der Chinesische Streifenhamster, einen sogenannten »Aalstrich«, doch ist er leicht an seiner rundlichen Körperform zu erkennen. Er wirkt wie ein kleines Bärchen, während der Chinese doch etwas an eine Maus erinnert. Auffällig klein sind Schwänzchen und Füße, beides verschwindet fast unter dem Körper. Ein laufender Dsungare huscht über den Boden wie eine aufgezogene Spielzeugmaus! Im Sommerfell ist der Dsungare grau mit Aalstrich und einer schwarzen Begrenzungslinie zwischen der dunklen Ober- und der weißen Unterseite. Im Winter wird das Fell heller, bei kühl gehaltenen Tieren sogar bis auf wenige Graureste schneeweiß! Da man aber sein Heimtier normalerweise bei Zimmertemperatur hält, bleiben die meisten Dsungaren grau und werden höchstens etwas scheckig. Der Dsungarische Zwerghamster bewohnt die Steppen und Tundren Westsibiriens und geht zur Nahrungssuche auch manchmal an die Waldränder. Er hält keinen Winterschlaf, sondern ist auch in der kalten Jahreszeit aktiv, wobei seine weiße Winterfärbung einen wirksamen Schutz vor Feinden darstellt. Seine östliche Unterart, der schon erwähnte *Campbell-Zwerghamster*, lebt hingegen in Steppe und Halbwüste. Als Anpassung daran ist auch sein Fell fast sandfarben, die dunklen Flankenstreifen des Dsungaren fehlen ihm; der Aalstrich ist aber auch bei ihm vorhanden. Campbell-Zwerghamster färben sich im Laufe des Jahres nur wenig um.

Im Winter färbt sich das Fell der Dsungaren um. Bei kühl gehaltenen Tieren wird es fast reinweiß, bei Zimmertemperatur nur leicht scheckig

Der kleinste Vertreter der als Heimtiere gehaltenen Hamsterarten ist der *Roborowski-Zwerghamster*, von seinen Freunden kurz »Robo« oder »Robby« genannt. Er wird nur etwa 7 cm groß, also nicht größer als ein zwei Wochen alter Goldhamster! Sein Fell ist oberseits sandfarben mit einem Stich ins rötliche (Sommer) oder gräuliche (Winter), die Unterseite ist reinweiß. Ein Flanken- oder Rückenstreifen fehlt völlig. Auch er »schnurrt« über den Boden wie der Dsungare, doch ist er wesentlich flinker, ja manchmal regelrecht »hektisch«. Von den vier Arten eignet er sich am wenigsten als Streicheltier, doch macht es viel Spaß, ihn zu beobachten. Er ist auf das Leben in der Sandwüste spezialisiert. Sein sandgelbes Fell ist dort eine wunderbare Tarnung. Seine flinke Fortbewegungsweise ist im deckungslosen Dünenland notwendig, um seinen Feinden einen Angriff zu erschweren. Außerdem legt er im verhältnismäßig lockeren Untergrund keinen weit verzweigten Bau an – wie viele seiner Vettern –, sondern gräbt nur eine einfache Röhre in eine Düne hinein, an deren Ende sich ein Schlafkessel befindet. Seine Heimat sind die innerasiatischen Wüsten.

Körperbau und Sinnesleistungen

Sehen wir uns doch den Körper eines Hamsters einmal genauer an.

Als erstes fallen die großen schwarzen *Augen* auf, die das Nacht- und Dämmerungstier kennzeichnen. Besonders gut sehen kann der Hamster damit allerdings nicht, sie dienen mehr zum Erkennen von Bewegungen und dunklen Ecken.

Bei der Futtersuche verläßt er sich auf seine gute *Nase*, mit der die Nahrung nicht nur geortet, sondern auch auf Qualität und Genießbarkeit untersucht wird.

Neben dem Geruchssinn ist auch das *Gehör* des Hamsters sehr gut ausgebildet. Er kann eine Fliege an der Wand entlanglaufen hören! Die großen Ohrmuscheln wirken wie Schalltrichter, ihnen entgehen kein Beuteinsekt und kein möglicher Feind so leicht! Zum Schlafen werden die Ohrmuscheln buchstäblich zusammengefaltet und eng an den Körper gelegt.

Die großen Augen und die langen Schnurrbarthaare deuten auf die nächtliche Lebensweise der Hamster hin

Neben der Nase helfen auch die langen *Tasthaare* bei der Orientierung, vor allem in der Dunkelheit. Wie feinfühlige Antennen teilen sie dem Hamster die Beschaffenheit seiner Umgebung mit.

Der *Körper* selbst ist bei Gold- und Streifenhamstern walzenförmig, bei den übrigen Zwerghamstern mehr abgerundet. Beides ist eine Anpassung an die grabende Lebensweise, denn diese Gestalt bietet bei der Fortbewegung in den unterirdischen Gängen den geringsten Widerstand.

Die *Beine* sind kurz, aber kräftig und für ausdauerndes Laufen bestens eingerichtet. Die »Hände« (bei ihrer Geschicklichkeit von Vorderpfoten zu sprechen, widerstrebt mir) haben vier Finger, der Daumen ist zu einem winzigen Stummel zurückgebildet. Sie dienen in erster Linie zum Graben, wobei ein großer Daumen im Weg wäre, Klettern und Festhalten der Nahrung, außerdem zur Körperpflege.

An den Hinterfüßen besonders des Goldhamsters fallen die ausgeprägten »Ballen« der Sohle auf, die dem Hamster beim Klettern nützlich sind. Hamsterfüße tragen fünf Zehen.

Bei Dsungarischen, Campbell- und Roborowski-Zwerghamstern sind Handflächen und Fußsohlen als Schutz gegen extreme Temperaturen des Untergrundes (heißer Wüstensand bzw. Schnee) behaart. Deswegen sind sie auch keine so geschickten »Handwerker« wie Streifen- und besonders Goldhamster, deren Hände und Füße nackt sind.

Was den Hamster zu einem der beliebtesten Heimtiere machte, ist sein *Stummelschwanz.* Wäre dieser nämlich lang und dünn, würde ihn nur noch wenig von einer großen Wühlmaus unterscheiden. So aber hat er eine eher bärenartige Gestalt. Am längsten ist der Schwanz beim Streifenhamster, wobei er dort wie auch beim Goldhamster nackt ist. Den anderen Zwerghamsterarten verschaffte hingegen ihr behaartes, kaum sichtbares Anhängsel den wissenschaftlichen Gattungsnamen »Kurzschwänzige Zwerghamster«. Der Schwanz ist so klein, weil er keinen bestimmten Zweck mehr erfüllt wie zum Beispiel bei den Mäusen, wo er unter anderem als Balancierstange beim Klettern dient.

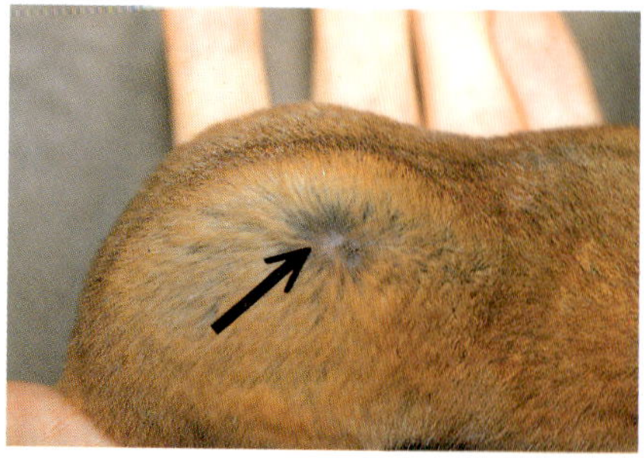

Die hier sichtbaren Flankendrüsen des Goldhamsters dienen den Tieren zur Reviermarkierung und als »Personalausweis« gegenüber Artgenossen

Das bekannteste Merkmal aller Hamster sind die Backentaschen, in denen die kleinen Nager von der Nahrung bis zu Jungtieren alles transportieren. Deutlich sieht man bei diesem Goldhamster, daß die Taschen bis zu den Schultern reichen

Das »berühmteste« Merkmal aller Hamster sind jedoch die geräumigen *Backentaschen.* Kleine Nagetiere haben viele Feinde, deswegen ist es von enormen Vorteil, wenn sie ihr Futter erst einmal einsammeln und später an einem sicheren Ort verzehren können. Außerdem fällt so natürlich das Sammeln von Vorräten viel leichter! Bis zu den Schultern reichen die Taschen, und wenn sie prall gefüllt sind, wirkt die vordere Hälfte des Hamsters schon beinahe unförmig. Aber auch zu anderen Zwecken können sie verwendet werden: zum Transport kleiner Jungtiere bei plötzlicher Bedrohung und »aufgeblasen« sogar als Schwimmweste!

Mit Hilfe von *Duftdrüsen* markieren Hamster ihre Territorien. Zwerghamster besitzen dafür eine einzelne Drüse in der Bauchmitte, während Goldhamster ein Paar aufweisen; je eine sitzt auf jeder Flanke, kurz vor den Hinterbeinen.

Vom Wild- zum Heimtier

Über den Goldhamster als Wildtier ist nur sehr wenig bekannt. 1839 wurde die Art durch den Wissenschaftler *Waterhouse* erstmals beschrieben, doch geriet sie dann fast hundert Jahre in Vergessenheit. Im Jahre 1930 wurde schließlich die Entwicklung des Goldhamsters zum Haustier eingeleitet, als Professor *Aharoni* nahe der Stadt Aleppo in der syrischen Wüste einen Hamsterbau aufgrub. Er fand ein Weibchen mit 12 Nestjungen vor und nahm diese Tiere in sein Institut mit. Durch Verluste und Entkommen verringerte sich die Anzahl auf drei, nach einer anderen Version vier Tiere. Diese wenigen, noch dazu engstmöglich verwandten Goldhamster waren die Vorfahren aller Goldhamster, die in Menschenhand gelebt haben oder noch leben. Durch die hochgradige Inzucht entwickelten sich schnell Varianten, die jedoch durchweg gesund und lebensfähig waren. Innerhalb kurzer Zeit wurde uns also vor Augen geführt, wie in grauer Vorzeit auch die anderen Haustiere des Menschen entstanden sind: durch Einfangen eines oder mehrerer Wildtiere und ständiges Verpaaren des Nachwuchses, wodurch Mutationen (Abweichungen in Gestalt und Färbung) auftraten. Diese Mutationen wurden dann »gefestigt«, das heißt, Tiere mit gleichen oder ähnlichen Eigenschaften wurden bevorzugt miteinander verpaart, um diese Eigenschaften auch an die Nachkommen weiterzugeben.
Die verschiedenen durch die Zucht entstandenen *Rassen des Goldhamsters* unterscheiden sich lediglich durch ihr Fell. Am bekanntesten sind die normalhaarigen Hamster, die die Fellstruktur und -färbung ihres wildlebenden Vorfahren beibehalten haben. Sie werden auch am häufigsten angeboten.
Seltener findet man dort die Satin- oder Seidenhamster, deren ebenfalls kurzhaariges Fell einen wunderschönen Seidenglanz aufweist.
Sehr beliebt und deswegen häufig im Handel vertreten sind die langhaarigen Angora- oder Teddyhamster, die durch das lange, weiche Fell besonders kuschelig sind. Alle drei Rassen werden in unterschiedlichen *Farbschlägen* von großer Vielfalt gezüchtet.

Die langhaarigen Angora- oder Teddyhamster sind wegen ihres kuscheligen Fells besonders bei Kindern sehr beliebt

Die Wildfarbe verschwindet leider immer mehr aus den Zuchten, dabei sehen die Hamster mit ihrem goldbraunen Rückenfell und den pechschwarzen Wangenstreifen eigentlich besonders hübsch aus. Häufig sieht man inzwischen braune Hamster in verschiedenen Helligkeitsstufen, bei denen die Wangenstreifen kaum ausgeprägt sind. Andere einfarbige Schläge sind Weiß (Albinos mit roten Augen), Schwarz, Silbergrau, Dunkelgrau, Creme, Aprikot (rötlichgelb) sowie eine ganze Reihe wenig verbreiteter weiterer Farben. Scheckenhamster verbinden eine dieser Farben mit Weiß in unterschiedlichsten Varianten. Eine besondere Art der Zweifarbigkeit ist die sogenannte Russenfärbung. Der Hamster ist weiß mit schwarzen Ohren und schwarzem Schwänzchen. Diese Färbung gibt es übrigens bei vielen Haustieren, oft sind dann wie bei der Siamkatze auch noch Füße und Schnauze schwarz. Jede Goldhamsterrasse kann in jeder dieser Farbformen gezüchtet werden.

Man sagt den Scheckenhamstern nach, daß sie besonders nervös und kurzlebig seien und häufiger als andere Hamster beißen. Nach meinen bisherigen Erfahrungen kann ich diese Behauptung nicht bestätigen. So kannte ich einen braun-weißen Schecken, der als völlig handzahmes Tier dreieinhalb Jahre alt wurde. Schecken unterschiedlicher Farben aus meiner Zucht versuchten niemals zu beißen, während deren einfarbig brauner Vater ziemlich aggressiv war. Es scheint somit Unterschiede in verschiedenen Zuchtstämmen zu geben. Albino-, Russen- und Cremehamster gelten als besonders friedlich, schwarze Hamster dagegen als recht temperamentvoll. Mein schwarzer Goldhamster war auch tatsächlich aus dem ganzen

Silberweiß ist eine besonders hübsche Farbe bei Goldhamstern. Es handelt sich hier nicht um einen Albino (der rote Augen besitzt)

Schwarze Goldhamster werden leider nur selten angeboten, vermutlich weil dieser Farbschlag nicht so häufig vorkommt

Eine bei Goldhamstern besonders beliebte Farbvariante sind die lustig gezeichneten Schecken

Wurf, in dem alle möglichen Farben vertreten waren, das weitaus aktivste und am schwersten zu fangende Tier.

Beim *Chinesischen Streifenhamster* treten manchmal Exemplare ohne Rückenstreifen auf, doch sind solche auch aus dem Freiland bekannt; von einem echten Farbschlag könnte man erst sprechen, wenn diese Tiere rein weitergezüchtet würden. In letzter Zeit traten dagegen in Zuchten weißgescheckte Streifenhamster auf, doch fanden sie noch keinen Eingang in den Zoohandel.

Vom *Roborowski-Zwerghamster* soll es neben der Wildfarbe auch gelegentlich Albinos geben, doch habe ich noch keinen gesehen.

Vom *Dsungarischen Zwerghamster* sind noch keine Farbvarianten bekannt, hingegen vom *Campbell-Zwerghamster*, der in neuerer Zeit auch in einer gelben und einer Albino-Form – beide mit roten Augen – gezüchtet wird. Diese aparten Hamsterchen stellen eine interessante Alternative zu weißen und Farbmäusen dar, denn bei gleicher Größe sind sie wesentlich geruchsneutraler und besitzen nicht den langen nackten Schwanz, der Mäusen und Ratten stets viele Sympathien kostet. Ein Hindernis ist höchstens die Beißlust der weiblichen Campbells, die sich aber durch entsprechende Zuchtwahl ausmerzen ließe. Auch der Goldhamster war von Haus aus deutlich aggressiver als heute. Von größerer Friedfertigkeit im Vergleich zur Wildfarbe kann bei weißen und gelben Campbells zur Zeit noch nicht die Rede sein!

Von den Campbell-Zwerghamstern gibt es seit einiger Zeit auch Albinos, also Tiere, denen jede Pigmentierung fehlt, mit weißem Fell und roten Augen

Ein Hamster kommt in die Familie

Voraussetzungen für die Hamsterhaltung

Bevor Sie ein Haustier aufnehmen, sollten Sie kritisch überlegen, ob Sie auch alle Konsequenzen bedacht haben und bereit sind, sie zu tragen. Das gilt natürlich auch für die Anschaffung eines Hamsters.
Der Mensch muß sich nämlich den Bedürfnissen seines Pfleglings anpassen und nicht umgekehrt. Ein Tier kann nur so leben, wie es ihm die Natur zwingend vorschreibt und kennt dabei nur geringe Rücksichtnahme auf seine menschlichen Mitbewohner. Folglich wird ein in der Wohnung gehaltener Goldhamster nicht aus Liebe zu seinem Pfleger zum ausschließlichen Tagtier oder gar zum Hifi-Fan oder Zigarrenraucher. Der Mensch hingegen hat die Möglichkeit, dem Hamster das Leben so angenehm und artgerecht wie möglich zu gestalten. Dazu muß er vor allem wissen und beachten, was seinem Schützling bekommt und was nicht.
Die nachfolgenden Dinge sollten Sie also unbedingt bedenken, wenn Sie mit dem Gedanken spielen, sich einen oder mehrere Hamster ins Haus zu holen.
Goldhamster sind von Natur aus Nachttiere und mögen es nicht besonders, vor dem Abend geweckt zu werden. Nimmt man darauf keine Rücksicht, hat man bald einen mürrischen Gesellen, der noch dazu eine geringere Lebenserwartung hat als ein natürlich lebender Artgenosse. Auch Kinder müssen auf diese Eigenheit des Goldhamsters Rücksicht nehmen und ihre Spielstunden mit dem kleinen Freund auf den Abend verlegen.
Zwerghamster sind zwar tagsüber zeitweise aktiv und nehmen einen Kontakt zu diesen Zeiten nicht so übel, aber man kann sie eigentlich nur beobachten. Ein Hamster ist kein Spieltier, dafür eignen sich Plüschteddys besser, und das sollten auch Kinder wissen! Mit so einem kleinen Tier kann man sich höchstens beschäftigen. Der Unterschied zum Spielen besteht darin, daß der Hamster bei der Beschäftigung das macht, was er möchte, und man ihn höchstens zu anderen Aktivitäten auffordert. Ihn zu knuddeln oder gar in Puppenkleider zu stecken ist Tierquälerei! An einem Beispiel verständlich ausgedrückt: Wenn der Hamster voller Neugier in ein Spielzeugauto klettert und es untersucht, kann man ihn damit ruhig vorsichtig über den Boden schieben. Ihn aber gegen seinen Willen in das Gefährt zu setzen und zu

Laute Musik ist für das empfindliche Gehör der Hamster schädlich

zwingen, darin zu bleiben, damit man mit ihm eine wilde Rallye durch das Zimmer fahren kann, das ist schädlicher Streß für den Hamster.
Auch wenn Sie stark rauchen, sollten Sie sich keinen Hamster oder ein anderes Kleintier zulegen bzw. nicht erwarten, daß die Tiere sich unter diesen Bedingungen wohlfühlen. Auch Vögel leiden übrigens unter Rauch.

Ein Hamster ist kein Tier, mit dem man »handfest« spielen kann, dafür ist er zu klein und zu zerbrechlich. Das sollten auch Kinder wissen, bevor sie sich für einen Hamster entscheiden

Denken Sie vor der Anschaffung daran, daß ein Heimtier auch zu Urlaubszeiten gut versorgt werden muß. Meist ist es nicht möglich, einen Hamster in den Urlaub mitzunehmen, besonders wenn man ins Ausland reist. Haben Sie eine Möglichkeit, ihn in verantwortungsbewußte Pflege zu geben? Wenn Ihnen auch nur für einen Moment der Gedanke kommt, im Notfall könne man den Hamster ja auch in die freie Natur setzen, dann kann man Ihnen die Anschaffung nicht empfehlen.
Bedenken Sie außerdem, daß ein Hamster zwar relativ pflegeleicht ist, aber doch ein wenig Arbeit macht. Der Käfig muß regelmäßig gereinigt und das Futter besorgt und bereitgestellt werden. Ist Ihr Kind der Hamsterpfleger, müssen Sie ihm klarmachen, daß die Pflege eines Tieres nicht nur Freude, sondern auch Pflichten bringt, die genauso wie die täglichen Schularbeiten erledigt werden müssen. Und natürlich müssen Sie auch ein Auge darauf haben, ob Ihr Kind seine Pflichten ernst nimmt.
Wie die meisten Kleintiere kann ein Hamster gelegentlich beißen. Ein zahmer Hamster tut das zwar nur aus Versehen (wenn zum Beispiel die Finger nach Apfel riechen) oder zur Abwehr, wenn man ihn ärgert oder falsch anfaßt, aber vorkommen kann es. Bringen Sie dann Verständnis auf, den kleinen Kerl trotzdem noch zu mögen?
Und ein letztes: Wie jedes Tier kann auch ein Hamster einmal krank werden. Sind Sie bereit, ihn dann besonders aufmerksam zu pflegen und auch eventuell Tierarztkosten zu tragen, die den Kaufpreis des Hamsters meist überschreiten?

Kleiner Hamster – kurzes Leben

Gerade Eltern schrecken oft vor dem Kauf eines Hamsters mit dem Argument zurück: »Der ist nach zwei Jahren tot, und dann ist das Geheul groß.« Derartige Äußerungen zeugen von Gedankenlosigkeit. Bei jedem Tier, das einem Kind gehört, kann »das Geheul groß sein«, wenn es stirbt. Dabei ist es egal, ob es ein zweijähriger Hamster oder ein vierzehnjähriger Hund ist. Eltern mit dieser Ansicht entziehen sich meiner Meinung nach der Verantwortung, ihre Kinder über den Tod aufzuklären. Durch das Ableben des Heimtieres läßt sich dem Kind leichter erklären, daß das Leben nicht ewig währt; leichter jedenfalls, als wenn ein geliebter Verwandter stirbt. Insofern erfüllt sogar der Tod des Tieres noch einen guten Zweck. Interessanterweise verweigern die gleichen Menschen ihren Kindern auch langlebigere Haustiere mit dem Argument: »Nach einem Jahr ist dann das Interesse verloschen, und dann bleibt die Pflege an uns hängen.« Na bitte, dann ist doch ein Hamster mit seinem kurzen Leben das ideale Heimtier! Gönnen Sie Ihrem Kind ruhig diesen Hausgenossen!

Wie alt ein Hamster wird, hängt nicht nur von seiner natürlichen Lebenserwartung, sondern auch von Beeinflussungen von außen ab. Streß, falsche Ernährung, Zigarettenrauch und andere »Störfaktoren« verkürzen sein Leben. Oft ist vom Höchstalter die Rede, als wenn dieser Rekord das einzig erstrebenswerte Ziel sei. Auch der Mensch kann ja im Extremfall 120 Jahre alt werden, aber wer schafft das schon?
Also: Die wenigsten Goldhamster werden über zwei Jahre alt. Temperamentvolle Tiere sind dabei meist kurzlebiger als ruhigere. Der älteste Goldhamster, den ich selbst kannte, starb im Alter von dreieinhalb Jahren an Altersschwäche. Kurioserweise war es übrigens einer der als extrem kurzlebig verschrieenen Schecken!
Zwerghamster sind nach meinen Erfahrungen etwas kurzlebiger als ihre großen Verwandten, anderthalb bis eindreiviertel Jahre dürften hier die normale Lebenserwartung sein. Auch hier gibt es aber völlig aus dem Rahmen fallende Altersrekorde. So hörte ich von einem Zwerghamsterpaar, wo das Weibchen im biblischen Alter von drei Jahren noch ein Junges bekam!

Die Qual der Wahl

Wenn Sie sich nach reiflicher Überlegung entschlossen haben, einen Hamster anzuschaffen, gilt es nun, sich klarzuwerden, welche Hamsterart zu Ihnen paßt.
Als Streicheltier eignet sich in erster Linie der altgediente *Goldhamster* mit all seinen Zuchtformen. Er ist am »handlichsten«, denn er ist groß genug, um nicht bei einem etwas zu heftigen Zugriff gleich verletzt zu werden, und er kann beim Freilauf nicht so leicht in kleinsten Ritzen verschwinden. Dazu ist er sehr anpassungsfähig. Die kuscheligen, langhaarigen Teddyhamster machen, bedingt durch die Fellpflege und die häufiger notwendige Käfigreinigung, allerdings mehr Arbeit als ein normalhaariger Goldhamster! Für Kinder haben Goldhamster den Nachteil, daß sie erst abends wach werden und es gar nicht mögen, vorher geweckt oder gar zum Spielen animiert zu werden. Dennoch ist der Goldhamster unter all seinen Verwandten noch am besten für Kinderhände geeignet, weil er relativ robust ist.
Mit Einschränkungen gilt das auch für den *Chinesischen Streifenhamster.* Auch er ist anpassungsfähig und sogar tagsüber zeitweise aktiv, allerdings etwas durch seine geringere Größe zerbrechlicher als der Goldhamster. Wie dieser ist er vom Freileben her das Klettern gewohnt und läuft daher kaum Gefahr, etwa von der Hand oder vom Tisch abzustürzen. Chinesische Streifenhamster eignen sich eher für etwas ältere Kinder, die schon Erfahrung mit der Tierhaltung haben.

Einen Goldhamster kann man schon einmal in die Hand nehmen und streicheln, wenn man dabei vorsichtig ist und nicht zu fest drückt

Von den Zwerghamstern eignet sich eigentlich nur der Chinesische Streifenhamster für Kinder, die schon etwas Erfahrung in der Tierhaltung haben

Unter den quirligen Zwerghamstern ist der Dsungare der ruhigste Vertreter

Wegen ihrer Kleinheit und Zerbrechlichkeit sind alle anderen Zwerghamster nicht so für Kinder geeignet. *Dsungarische, Campbell- und Roborowski-Zwerghamster* sind von Natur aus reine Bodenbewohner und haben kein Verhältnis zur Tiefe. Sie können also unvermittelt über Handfläche oder Tischrand hinaus ins Leere laufen und sich beim Sturz arg verletzen, wenn nicht sogar zu Tode stürzen. Zudem gehen die kleinen Kerle beim Freilauf leicht verloren, denn sie passen in jede Ritze, aus der sie durchaus nicht immer gleich wieder hervorkommen.
Der ruhigste und am häufigsten gehaltene Vertreter der Zwerghamster ist der Dsungare. Er ist der friedlichste Hamster überhaupt! Ich kenne viele Dsungaren, aber keinen einzigen, der beißt, was ich von Gold- und Streifenhamstern nicht behaupten kann! Auch erwachsene Tiere werden noch handzahm, wenn sie sich auch wegen ihrer Kleinheit nur mit Einschränkungen als Streicheltier eignen.
Vom Campbell-Zwerghamster lassen sich nur die Männchen gut zähmen und dann wie Dsungaren behandeln, wenn sie auch immer etwas streitlustiger bleiben. Für die Campbell-Weibchen gilt das Umgekehrte wie bei den Dsungaren: Ich habe noch kein Campbell-Weibchen erlebt, das nicht beißt! Da man die Campbells aber – im Gegensatz zu Goldhamstern – problemlos paarweise halten kann, sollte man sich auf die Beobachtung des »Ehelebens« der Tiere beschränken, das macht viel mehr Spaß, als sich von ihnen beißen zu lassen. Überhaupt nicht als »Tier zum Anfassen«

geeignet ist der Roborowski-Zwerghamster. (Was nicht ausschließt, daß man ihn sehr wohl innerhalb seines Käfigs bzw. Terrariums vorsichtig über das Fellchen streichen kann!) Er ist dafür zu klein, zu zerbrechlich und vor allem zu unruhig und lernt es nicht, auf einer Hand ruhig sitzen zu bleiben. Es macht aber Spaß, ein Paar dieser quecksilbrigen Kobolde bei seinen Aktivitäten im Terrarium zu beobachten! Auch Robos beißen nicht, flutschen aber bei Fangversuchen aus der Hand wie ein Stück nasser Seife.

Alle Zwerghamster haben im Gegensatz zum Goldhamster ständig wechselnde Aktivitäts- und Schlafphasen und sind daher auch tagsüber zeitweise unterwegs.

Roborowski-Zwerghamster sind wegen ihres unruhigen Wesens und ihrer zerbrechlichen Winzigkeit nicht als Streicheltiere geeignet

Männchen oder Weibchen?

Nicht nur dann, wenn Sie Hamster züchten wollen, sollten Sie sich über das Geschlecht Ihres zukünftigen Hausgenossen im klaren sein. Bei Goldhamster, Streifenhamster und Campbell-Zwerghamster sind die Weibchen von Natur aus temperamentvoller und somit aggressiver als die Männchen. Nun werden aber gerade die beiden erstgenannten Arten schon seit Jahrzehnten gezüchtet, wobei natürlich die friedfertigen Exemplare bevorzugt zur Weiterzucht verwendet werden. Es gibt daher heute auch völlig friedliche Weibchen, doch sind sie noch nicht die Regel.

Die ursprünglich höhere Aggressivität der Weibchen hat natürlich ihren Grund: Sie sind es, die in freier Wildbahn allein die Jungen aufziehen und notfalls unter Einsatz ihres Lebens (auch gegen Artgenossen!) verteidigen. Aus diesem Grund ist bei ihnen auch das Revierbildungsverhalten stärker ausgeprägt. Dsungarische und Roborowski-Zwerghamster weisen dagegen kaum Temperamentsunterschiede zwischen den Geschlechtern auf.

Im Gegensatz zu vielen anderen Heimtieren produziert beim Goldhamster das Weibchen stärkere »Düfte« als das Männchen, da es damit seinen Besitz markiert. Die Geschlechter sind bei Gold- und Streifenhamster sehr leicht zu unterscheiden, die übrigen Zwerghamster sind da etwas problematischer, manchmal muß man mehrere Tiere zum Vergleich heranzie-

hen. Generell gilt: Der Abstand zwischen Geschlechts- und Afteröffnung ist bei Hamsterweibchen sehr klein, bei Männchen dagegen viel größer.
Bei Gold- und Streifenhamstermännchen sind schon in jugendlichem Alter deutlich die Hoden zu erkennen (beim Goldhamster schon mit knapp vier Wochen). Die Hoden sind es auch, die den Männchen ein (von oben gesehen) spitzeres Hinterteil geben, während die Weibchen ein rundliches haben. Bei ausgewachsenen Streifenhamstermännchen können die Hoden im Verhältnis zur Größe des Tieres enorm groß sein.
Die Unterscheidung der Geschlechter ist bei Dsungarischen, Campbell- und Roborowski-Zwerghamstern schwieriger, da die Merkmale auch noch von Tier zu Tier etwas variieren. So gab mir ein Züchter früher den Tip, zehn Hamster anzusehen und dann die beiden unterschiedlichsten zu nehmen. Bei genauer Betrachtung gibt es aber doch Hinweise. So ist bei allen drei Arten der Bereich zwischen After und Geschlechtsöffnung beim Weibchen meistens unbehaart, während beim Männchen einige Haare dazwischen stehen. Dazu hat das Weibchen um die Scheide herum einen blaßvioletten oder -bläulichen Bereich, der allerdings nur bei guter Beleuchtung sichtbar ist. Beide Geschlechter besitzen in der Bauchmitte eine Drüse, die zur Markierung des Reviers dient. Da das Männchen weitaus aktiver markiert, ist seine Drüse oft von Haaren freigelegt. Das braune Drüsensekret färbt überdies in der Umgebung der Drüse das Bauchfell ein. Nur wenn man sehr genau hinsieht, kann man auch bei einem laufenden Männchen die Hoden von oben oder von der Seite erkennen.
Beim Campbell-Zwerghamster gibt es zumindest bei den mir bekannten Zuchten (auch meinen eigenen) eine einfache Methode, bei halbwüchsigen und erwach-

So unterscheiden Sie bei Goldhamstern zuverlässig das Geschlecht: links ein männliches Tier, bei dem der Abstand zwischen After- und Geschlechtsöffnung deutlich größer ist als bei dem rechten, weiblichen Tier

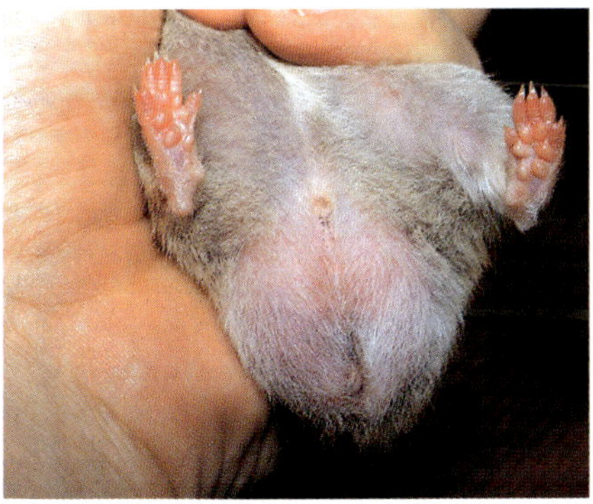

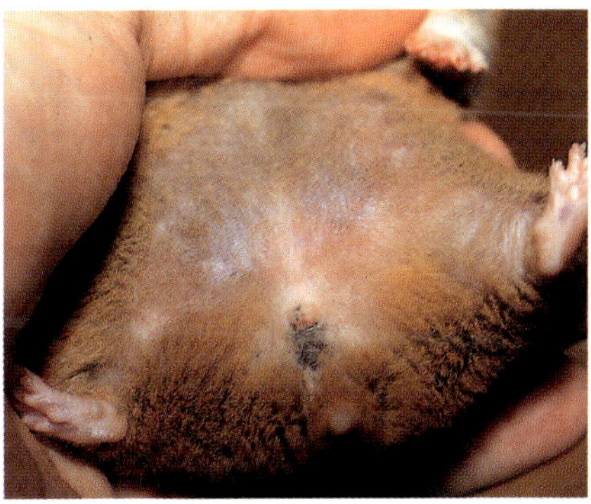

senen Tieren das Geschlecht zu bestimmen, ohne den Hamster in die Hand zu nehmen. Ich brauche nur den Finger in das Terrarium zu halten. Läuft ein Hamster mit eindeutiger Beißabsicht auf den Finger zu, ist es garantiert ein Weibchen! Oder ich hebe das Nistmaterial über einem schlafenden Campbell hoch oder puste ihn an: Wirft er sich unter ärgerlich quäkenden und schnarrenden Lauten abwehrbereit auf den Rücken, habe ich normalerweise das »schwache Geschlecht« vor mir.

Von Eigenbrötlern und Ehepaaren

Für viele Heimtiere gilt, daß sie sich nur in Gesellschaft wohlfühlen, sei es ein Artgenosse oder – wenn das nicht der Fall ist – der Mensch als Ersatz dafür. Hamster bilden da eine Ausnahme.
Alle Hamsterarten sind von Natur aus Einzelgänger, keine davon bildet Kolonien. Normalerweise besteht die größte Ansammlung freilebender Hamster aus einem Weibchen mit seinen noch unselbständigen Jungen, ansonsten wird das Revier außer zur Paarungszeit gegen Artgenossen erbittert verteidigt. Lediglich Zwerghamster wurden gelegentlich auch im Freien bei einer ganzjährig paarweisen Lebensweise beobachtet.
Die Einzelhaltung eines Hamsters, gleich welcher Art, ist also keineswegs Tierquälerei. Ein Hamster benötigt keinen Partner, sondern fühlt sich allein durchaus wohl. Es ist aber möglich, Hamster in Paaren oder Gruppen zu halten. Innerhalb der letzten Jahrzehnte hat sich nämlich die Verträglichkeit der gezüchteten Hamster gegenüber Artgenossen sehr gewandelt, da die Züchter für die Weiterzucht möglichst friedliche Tiere, die man in Familiengruppen halten kann, bevorzugen. So haben sich die verträglichen Tiere eher fortpflanzen können, so daß unsere heutigen Heimtiere deutlich weniger aggressiv sind als ihre wilden Artgenossen.
Noch vor wenigen Jahren galt, daß alle gescheckten Goldhamster besonders angriffslustig sind und grundsätzlich einzeln gehalten werden müssen, und auch für wildfarbige Goldhamster und Chinesische Streifenhamster empfahl man die Einzelhaltung. Lediglich Russenfarbige, Creme- und Albino-Goldhamster waren auch als erwachsene Tiere verträglich gegenüber Artgenossen.
Mittlerweile hat sich das Bild gewandelt. Zwar treten immer noch unverträgliche Scheckenhamster auf, doch werden die friedlichen immer häufiger. Bei einem Bekannten lebten dann auch ein wildfarbiges Männchen und ein geschecktes Weibchen harmonisch zusammen, bei mir selbst die umgekehrte Kombination sowie ein geschecktes Weibchenduo.
Wenn Sie zwei junge Goldhamster – gleichgültig ob lang- oder kurzhaarig – erwerben, sollten Sie aber zur Vorsicht einen zweiten Käfig haben. In ihrer Jugend sind nämlich alle Goldhamster friedlich!

Erwachsene Goldhamster sind Einzelgänger und lassen sich nur in Ausnahmefällen aneinander gewöhnen. Nur Jungtiere, die miteinander aufgewachsen sind, vertragen sich eventuell auch später noch problemlos

Wenn sich die erwachsenen Tiere dann doch nicht vertragen, hilft nur die Unterbringung in zwei getrennten Käfigen, sonst bleibt ein Tier früher oder später auf der Strecke.
Chinesische Streifenhamster werden mittlerweile kaum noch in der aufwendigen Einzelunterbringung gehalten, sondern leben meist im Familienverband. Trotzdem sollte man auch bei ihnen für den Eventualfall mit einem zweiten Käfig gewappnet sein.
Dsungarische Zwerghamster machen bei der Paarhaltung die wenigsten Schwierigkeiten. Sogar erwachsene Tiere lassen sich noch aneinander gewöhnen. Allerdings kommt es auch bei dieser Art gelegentlich vor, daß sich zwei Tiere nicht mögen. Man erkennt dies an häufigen Streitereien, die zwar meistens unblutig, aber unter lautem Keifen vorgetragen werden. Trotzdem verläuft das Zusammenleben sonst einigermaßen friedlich.
Auch Roborowski-Zwerghamster sind recht verträglich und können ohne Schwierigkeiten zu mehreren gehalten werden.
Von den Campbell-Zwerghamstern kann man das noch nicht generell behaupten, doch tauchen auch bei dieser noch nicht lange gezüchteten Art schon hie und da besonders ruhige Exemplare auf.
Generell gilt: Wer zwei oder gar mehrere Hamster zusammen halten will, sollte sich junge Tiere – möglichst aus dem gleichen Wurf – beschaffen und diese gemeinsam aufwachsen lassen. Man sollte jedoch immer eine Möglichkeit bereithalten, um bei einem ernsthaften Streit ein Tier abtrennen zu können. Zerstrittene Hamster kann man praktisch nie wieder zusammengewöhnen! Wie man sich fremde Hamster allmählich aneinander gewohnen kann, wird auf Seite 62 ausführlich beschrieben.

Zwerghamster – wie diese Dsungarischen Zwerghamster – lassen sich problemlos in Familiengruppen halten

Kauf und Heimtransport

So kommt man zu einem Hamster

Der am häufigsten gewählte Weg, einen Hamster zu erwerben, ist der Gang ins Zoogeschäft. Dort werden stets Goldhamster in unterschiedlichen Farbschlägen – meistens auch Teddyhamster – angeboten. Zwerghamster findet man seltener, am ehesten noch Dsungarische.

Angesichts des bunt gemischten Angebots junger Goldhamster (ausgewachsene werden selten angeboten) fällt die Wahl zunächst schwer, vor allem, wenn die Tiere allesamt in der Ecke liegen und schlafen, was sie tagsüber meistens tun. Die richtige Zeit zum Goldhamsterkauf ist daher der späte Nachmittag. Nehmen Sie sich eine halbe Stunde Zeit, um die zu dieser Uhrzeit meist schon aktiven Hamster zu beobachten. Vielleicht fällt Ihnen dann ein besonders vorwitziges Tier auf, das Sie vorher seiner unauffälligen Farbe wegen übersehen haben und das Sie nun durch seine Art begeistert. (Wenn Sie sich für einen Teddyhamster entscheiden, denken Sie daran, daß er wegen seines langen Felles etwas mehr Pflege braucht als ein normalhaariger.)

Dieser Hamster ist noch nicht ganz wach, wie man an den angelegten, noch zusammengefalteten Ohren erkennen kann

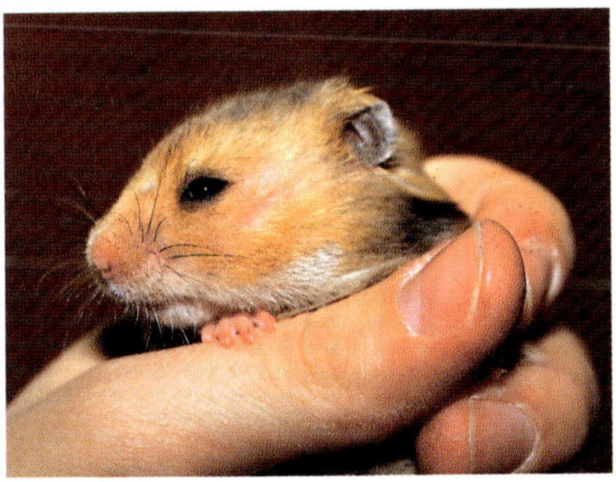

Falls die Hamster noch nicht wach sind, bitten Sie den Zoohändler, sie vorsichtig zu wecken. Es bringt nichts, mit dem Finger am Gitter zu lärmen oder gegen die Scheibe zu klopfen, denn das sind die Tiere längst gewohnt und reagieren kaum noch darauf. Mehr Erfolg können Sie haben, wenn Sie vorsichtig in das schlafende Völkchen hineinpusten (nicht stoßweise pusten, das ruft höchstens Abwehr hervor). Dann recken sich auf einmal die Näschen, und schlaftrunkene Augen blinzeln Ihnen entgegen. Und wenn man dann schon einmal wach ist, kann man ja auch gleich den Futternapf inspizieren ... Auf derart »sanfte« Art geweckte Hamster lassen sich besser beurteilen als gewaltsam aus dem Schlaf gerissene, die nur Flucht- und Abwehrgedanken haben.

Auch per Zeitungsanzeige können Sie zu Ihrem neuen Hausgenossen kommen, allerdings werden hier oft überwiegend ältere Tiere abgegeben, dann sogar meistens mit Käfig. Wenn Sie nicht unbedingt ein junges Tier suchen, dann gönnen Sie einem dieser manchmal regelrecht abgeschobenen Hamster einen geruhsamen Lebensabend bei Ihnen. Zwerghamster werden hier fast häufiger angeboten als im Zoohandel!

Auch wenn die Kleinen noch so niedlich sind – hier ein gemischtes Rudel Campbell-Zwerghamster –, will der Kauf gut überlegt sein

Besonders vitale und oft schon zahme Junghamster bekommen Sie in der Regel bei einem Hobbyzüchter, der oft verschiedene Arten und Rassen von Hamstern hält und züchtet. Auch diese Züchter inserieren, manche allerdings nur in Fachzeitschriften wie der »Geflügelbörse«. Dort finden sich auch Anzeigen von Großzuchten, doch gibt nicht jede davon auch an Privatinteressenten ab; sie sind spezialisiert auf die Belieferung von Händlern.
Bliebe schließlich noch der Versandhandel. Als Interessent für ein einzelnes Tier oder höchstens ein Paar kommt diese Möglichkeit für Sie kaum in Frage, außerdem suchen Sie sich Ihren zukünftigen Stubengenossen mit Sicherheit lieber selbst aus. Seltene Arten oder Unterarten wie der Campbell-Zwerghamster sind allerdings oft nur über den Versandhandel zu beziehen, falls sich in Ihrer Nähe kein Hobbyzüchter befindet. Das gleiche gilt auch für seltene Farbschläge des Goldhamsters. Durch die Transportkosten (Post oder Bahnexpreß) werden dann aber die Anschaffungskosten ziemlich hoch.
Noch ein Tip, wenn Sie den Hamster nicht für sich selbst, sondern für Ihre Kinder kaufen. Sie erreichen eine wesentlich engere Bindung des Kindes zu seinem Tier, wenn Sie dieses nicht einfach kaufen und gleich mitbringen. Erstehen Sie erst den Käfig und alles Zubehör und richten Sie ihn fertig her, einzugbereit für den Hamster. Und dann holen Sie Ihr Kind und zeigen ihm den Käfig mit den Worten: »Ich möchte dir einen Hamster schenken. Aber ich habe ihn noch nicht mitgebracht, denn du sollst ihn dir selbst aussuchen!« Auf diese Weise entwickelt das Kind von Beginn an eine engere Beziehung zu seinem Tier, denn es ist eben wirklich »sein« Tier und nicht nur das Geschenk seiner Eltern. Außerdem lernt es nebenbei, daß vor der Anschaffung eines Tieres das notwendige Pflegezubehör vorhanden sein muß und nicht erst nach und nach dazugekauft werden darf. Falls das Kind wider Erwarten keine Begeisterung zeigt, haben Sie bei diesem Vorgehen nicht das Problem, ein anderes Zuhause für einen schon vorhandenen Hamster suchen zu müssen. Der Käfig und das Zubehör finden bestimmt Abnehmer, dem Tier aber ist auf diese Weise viel Streß erspart geblieben!
Zu guter Letzt noch ein eigentlich selbstverständlicher Hinweis: Ein Hamster ist kein Überraschungsgeschenk, weder zum Kindergeburtstag noch zu Weihnachten oder zu einem anderen Fest! Unzählige Tiere sind schon in Tierasylen gelandet oder in der freien Natur elend umgekommen, weil die Freude schnell schwand.

Gesundheits-Check

Natürlich ist die Versuchung groß, aus dem bunten Hamstergewimmel in der Zoohandlung spontan denjenigen auszuwählen, dessen Farbe oder Munterkeit Ihnen besonders gefällt. Sie sollten sich jedoch die Zeit zu einer längeren Beobachtung nehmen, sonst könnten Sie ein krankes Tier erwischen, an dem Sie nicht viel Freude haben werden.

Achten Sie auf folgende Dinge:

1. Die *Augen* sind bei einem gesunden Hamster voll geöffnet und glänzend, ihre Umgebung ist sauber und trocken. Bedenken Sie, daß ein gerade aufgewachtes Tier seine Augen noch einige Zeit nur halb öffnet! Trübungen der Augen deuten auf eine nachfolgende Blindheit hin (kommt glücklicherweise meistens erst bei alten Hamstern vor). Ist die Augenumgebung feucht, verklebt oder gar verschorft, liegt eine Augenentzündung vor.
2. Die *Nase* soll frei von Ausfluß sein.
3. An den *Ohren* dürfen ruhig kleinere Kerben zu sehen sein. Ein nicht makelloser Ohrrand ist zwar ein kleiner Schönheitsfehler, aber keine Beeinträchtigung von Gehör und Gesundheit. Anders sieht es aus, wenn das Innere der Ohrmuschel verletzt ist. Das ist nicht nur eine mögliche Infektionsquelle, sondern außerdem wird das Hören erheblich erschwert.
4. Das *Fell* sollte glatt und glänzend und ohne kahle Stellen sein. Hamster, die sich minutenlang kratzen, haben wahrscheinlich Hautparasiten oder -pilze. Auch hier

Achten Sie besonders auf Augen, Ohren und Nase, die sauber und ohne Ausfluß sein sollten

gilt: Ein gerade aufgestandener Hamster kann etwas unordentlich aussehen, speziell wenn er zwischen seinen Artgenossen geschlafen hat. Er ist jedoch bald bestrebt, sein Fell wieder in Ordnung zu bringen. An heißen Tagen kann das Hamsterfell etwas fettig und strähnig wirken. Solche Tage sind aber wegen der dann ausgeprägten Trägheit der Tiere ohnehin kaum gute Kauftage. Besondere Beachtung gebührt natürlich dem Fellzustand der langhaarigen Teddyhamster. Ihr Fell ist aufgrund seiner Länge selten »glatt«, es darf aber nicht verfilzt oder gar mit Kot verklebt sein.

Gesunde Goldhamster sind lebhaft und neugierig, Apathie ist ein Zeichen für eine Krankheit

5. Bei einem gesunden Hamster ist die *Aftergegend* trocken und sauber. Ein kotverschmiertes Hinterteil weist auf eine schwere Verdauungserkrankung hin. Hat ein Tier dieses Symptom, so sind unter Umständen auch seine Käfiggenossen bereits angesteckt und man sollte auf einen Kauf in diesem Laden verzichten, auch wenn's schwerfällt.

6. Häufig liest man die Bemerkung, ein gesunder Hamster würde seinen *Schwanz* stets hochgereckt tragen. (Dabei sind ausschließlich Goldhamster gemeint.) Es gibt aber nur zwei Situationen, bei denen ein Goldhamster seinen Schwanz hochreckt, also senkrecht stellt: Bei der Paarungsaufforderung des Weibchens und beim Präsentieren des Hinterteils gegenüber einem fremden oder ranghöheren Hamster. Ein gesunder Goldhamster läßt seinen Schwanz aber keinesfalls hängen, sondern trägt ihn waagrecht.

7. Sehr wichtig ist auch das Beobachten der *Bewegungen*. Läuft der Hamster steifbeinig, auffallend hochbeinig oder mit Katzenbuckel, ist er krank. Es ist auch kein gutes Zeichen, wenn er bei der Körperpflege mehrfach aus dem Gleichgewicht gerät. Denken Sie an die unterschiedlichen Bewegungsweisen der verschiedenen Hamsterarten. Gold- und Streifenhamster laufen eher gemächlich mit langgestrecktem Körper, Dsungarische, Camp-

Achten Sie auch auf die Bewegung der Tiere. In vertrauter Umgebung sind Goldhamster entspannt und gelassen. Setzt man sie auf einen Tisch wie dieses Tier, erkunden sie die fremde Umgebung flach an den Untergrund gepreßt, aber mit gespannt erhobenem Kopf

bell- und Roborowski-Zwerghamster huschen mehr und haben eine gedrungene Gestalt. Sie wirken zwar rundrückig, aber keineswegs katzenbucklig. Ein hundertprozentig wacher Hamster, der sich im Zeitlupentempo bewegt und dabei den Körper kaum vom Boden hebt, ist nicht gesund. Achtung! In ihnen fremder Umgebung bewegen sich die meisten Hamster betont vorsichtig, den Bauch fest an den Untergrund gepreßt. Im Gegensatz zu kranken Tieren bewegen sie aber dabei den Kopf ständig, um die neuen Eindrücke aufzunehmen, und »überdehnen« ihren Körper voller Anspannung.

8. *Apathie* ist ein Zeichen schwerer Krankheit. Läßt sich ein wacher, Ihnen fremder Hamster ohne Gegenwehr auf den Rücken drehen und bleibt dann liegen, sollten Sie ihn keinesfalls kaufen. Wenn er dabei aber intensiv Ihre Finger beschnuppert und sich deutlich dafür interessiert, handelt es sich lediglich um ein besonders friedfertiges Tier.

Roborowski-Zwerghamster machen immer einen etwas nervösen Eindruck, sie haben »Hummeln im Hintern«. Ein Robo, der sich langsam und bedächtig bewegt, ist nicht in Ordnung.

9. Darauf, daß der auserkorene Hamster keine offenen *Wunden* haben sollte, brauche ich wohl nicht extra hinzuweisen. Verheilte und vernarbte Wunden an einem sonst munteren und gesunden Hamster stellen jedoch keine Gefahr dar, sie zeugen sogar von Robustheit. Falls Sie ein solcher Schönheitsfehler nicht stört, können Sie dem betreffenden Hamster ein trauriges Los ersparen, denn derartig »fehlerhafte« Tiere finden selten Käufer und bleiben entweder zeitlebens in der Zoohandlung oder werden irgendwann von einem Schlangenliebhaber billig aufgekauft...

Auch eine verheilte Verstümmelung an einem sonst völlig gesunden Hamster muß nicht dessen Munterkeit und Anhänglichkeit beeinflussen. Ich besaß einmal einen Goldhamster, dem ein Vorderbein bis zum Ellbogengelenk fehlte. Er putzte sich mit der anderen Vorderpfote eben ausgiebiger und stützte sich beim Gehen auf den Stumpf. Da er sein Futter nicht zwischen den Pfoten halten konnte, fraß er wie ein Meerschweinchen ohne Zuhilfenahme der Gliedmaßen. Trotz seiner Behinderung habe ich viel Freude an ihm gehabt!

10. Wer züchten will, muß zusätzlich auch noch auf das *Geschlecht* des Hamsters achten. Wie Sie das erkennen, ist auf Seite 22 ausführlich beschrieben.

Der Transport nach Hause

Wenn Sie sich für ein Tier entschieden haben, wird der Zoohändler es herausfangen und in eine Faltschachtel mit Luftschlitzen setzen, die für kurze Transporte ausreicht. Sollten Sie es weit nach Hause haben, besteht aber die Gefahr, daß der Hamster sich durchnagt oder mit dem vor Aufregung abgegebenen Urin die Pappe durchtränkt. Daher ist es besser, wenn Sie ein stabiles Transportgefäß bereithalten. Das kann ein Holzkistchen oder eine große Blechdose mit Luftlöchern sein; in jedem Fall sollte ein wenig Einstreu darin sein, die die Exkremente aufnehmen kann und gleichzeitig als Polster dient. Es gibt aber auch im Zoohandel geeignete Transportgefäße, von denen Sie eines beim Hamsterkauf gleich dazukaufen können. Es leistet auch später noch gute Dienste, zum Beispiel, wenn Sie den Käfig reinigen und dabei den Hamster auf »Nummer Sicher« wissen wollen oder auch bei einem notwendigen Gang zum Tierarzt. Bewährt haben sich bei mir vor allem die in letzter Zeit häufig angebotenen kleinen Kunststoff-Aquarien mit luftdurchlässiger Abdeckung und Tragegriff, die es in verschiedenen Größen gibt. Auch ein sogenannter Kanarienbauer, ein kleiner Gitterkäfig für Kanarienvögel, kann zweckentfremdet werden.

Wichtig ist, daß Sie das Transportgefäß auf dem Weg nach Hause gut vor Regen, Wind und direkter Sonne schützen.

Dieser praktische Transportkäfig für Kleintiere eignet sich gut zum Heimtransport des neuen Hausgenossen

Das Hamsterheim

Wohin mit dem Käfig?

Zunächst sollten Sie entscheiden, in welchem Zimmer der Käfig stehen soll. Wichtig ist dabei, daß die Hamsterunterkunft so steht, daß weder der Hamster noch Sie sich gestört fühlen.

Damit scheidet die Küche als Standort schon aus. Kochdünste schaden dem kleinen Organismus und führen zur Kurzlebigkeit. Das Geklapper von Töpfen und Geschirr tut den empfindlichen Ohren des Hamsters weh und stört ihn tagsüber beim Schlafen.

Umgekehrt sollten Sie Ihren Hamster auch nicht in Ihrem Schlafzimmer unterbringen. Dann nämlich werden Sie wegen seiner nächtlichen Aktivitäten oftmals nicht einschlafen können!

Im Prinzip gilt das natürlich auch für das Kinderzimmer. Aber Kinder sind oft froh, wenn nachts jemand bei ihnen ist, und ihnen gehen die nächtlichen Geräusche meist nicht so sehr auf die Nerven wie uns Erwachsenen. Gesundheitliche Bedenken gegen den Aufenthalt eines Hamsters im Kinderzimmer gibt es kaum. (Es sei denn, es besteht eine Allergie.)

Machen Sie Ihrem Kind aber klar, daß es seinen Spielkameraden nicht mit ins Bett nehmen kann! Zu groß ist die Gefahr, daß der Hamster in der Dunkelheit entwischt und sich auf Nimmerwiedersehen versteckt. Oder aber das Kind schläft glückselig ein und erdrückt versehentlich seinen kleinen Freund. Nach dem Aufwachen ist dann die Trauer groß!

Ein sehr geeigneter Standort kann auch das Wohnzimmer sein. Hier können Sie den Hamster bequem vom Sofa aus beobachten und sich mit ihm beschäftigen. Wenn Sie zu Bett gehen, kann er in dem nun ungenutzten Raum soviel Lärm machen, wie er will, ohne daß Ihr Schlaf gestört wird. Aber im Wohnzimmer ist der Hamster nur richtig untergebracht, wenn Sie weder rauchen noch ein leidenschaftlicher Musikfan sind.

Bei der Wahl des richtigen Standortes sind nämlich auch noch andere Gesichtspunkte wichtig. So darf der Hamster wie

Lautsprechergeräusche – egal ob vom Fernseher oder der Stereoanlage – schaden dem Hamster. Der Käfig in diesem Bild steht also falsch

gesagt keinesfalls in einem Raum stehen, in dem stark geraucht wird! Bedenken Sie, daß der winzige Organismus des Hamsters weitaus empfindlicher ist als Ihr eigener! Seine Atemwege werden durch Nikotin erheblich geschädigt, was sein ohnehin schon kurzes Leben noch weiter verkürzt. Auch laute Musik ist in den Ohren des Hamsters nichts anderes als störender bis schmerzhafter Lärm. Dabei ist es völlig egal, ob Sie harte Rockmusik oder den »Bolero« abspielen. Alle Kleinsäuger hören hundertmal besser als der Mensch, und die Musik ist für sie entsprechend lauter. Und es ist nicht nur die Lautstärke, die dem Hamster zu schaffen macht, er mag auch die Vibrationen der Bässe nicht. Daher hat sein Käfig nichts in der Nähe von Lautsprecherboxen zu suchen! Besonders wenn Sie einmal »richtig aufdrehen wollen«, sollten Sie Ihrem kleinen Hausgenossen zuliebe die Kopfhörer aufsetzen oder den Käfig in ein anderes Zimmer bringen.
Außerdem sollte der Käfig möglichst nicht auf dem Boden stehen. Erstens ist es in unseren Wohnungen (besonders im Winter) oft überraschend fußkalt, so daß der Hamster in eine Kältestarre fallen kann. Und zweitens sieht er dann seine menschlichen Mitbewohner immer nur als bedrohliche Riesen vor seinem Revier auftauchen, was er gar nicht mag. Zudem rollen in Kinderzimmern oft Spielsachen gegen den Käfig, wodurch der Schlaf des Hamsters gestört wird.
Achten Sie darauf, daß der Käfig niemals direkte Sonne oder Zugluft abbekommt! Stellen Sie ihn also nicht ans Fenster, der Hamster hat von der Aussicht nichts.

Der Käfig steht am besten mit einer oder zwei Seiten an der Wand. Dadurch erhält der Hamster »Rückendeckung«. Ist der Käfig nämlich von allen Seiten einsehbar, fühlt er sich beobachtet und nicht wohl. (Bei »Kistenkäfigen« erübrigt sich dieser Punkt natürlich.)
Beachten Sie auch, daß der Käfig fest auf seinem Untergrund steht. Wackelt er, verursacht er nachts nur unnötigen Lärm bei den Aktivitäten seines Bewohners. Am besten stellen Sie den Käfig auf einen 50–100 cm hohen Schrank oder in gleicher Höhe in ein Regal.
Fassen wir also noch einmal zusammen: Der Hamsterkäfig hat nichts zu suchen in verrauchten und lauten Räumen, neben und unter Lautsprechern (gilt auch für Fernseher!) sowie auf dem Boden und am Fenster. Er steht am besten in einer Zimmerecke, wo er vor Zugluft geschützt ist, in 50–100 cm Höhe.

Auch am Fenster ist nicht der richtige Platz für den Hamsterkäfig, denn direkte Sonne oder gar Zugluft verträgt der Hamster nicht

Der richtige Rahmen

Es gibt eine Vielzahl von Möglichkeiten, Gold- und Zwerghamster artgerecht zu halten. Dabei stehen zwei Grundtypen von Unterbringungen zur Auswahl: Gitterkäfig und Terrarium.
Der Zoohandel bietet hier eine große Palette verschiedener Käfige an. In den letzten Jahren hat sich hierfür der Begriff »Hamsterheim« durchgesetzt (ebenso »Vogelheim« statt »Vogelkäfig«), was nicht so sehr nach Gefangenhaltung klingt. Vom Sinn her ist diese neue Bezeichnung auch völlig richtig, soll doch dem Tier ein artgerechtes Zuhause geboten werden. Wenn ich mir aber einige der käuflichen »Hamsterheime« so ansehe, stelle ich fest, daß nicht jedes diesen Namen auch wirklich verdient. Einige sind nämlich eher »Hamsterzwinger«!
Wichtig ist vor allem eine ausreichende Größe des Käfigs. Leider glauben viele Menschen, daß für ein großes Tier ein großer Käfig und für ein kleines Tier ein kleiner Käfig richtig ist. Diese Menschen protestieren unter Umständen energisch gegen zu kleine Zookäfige und -gehege, finden aber nichts dabei, ihren Goldhamster auf einer DIN A4 großen Grundfläche zu »kasernieren«.
Halten wir uns folgendes vor Augen: Gold- und Zwerghamster legen im Freileben bei der Nahrungssuche weite Strecken zurück, sie sind trotz ihrer geringen Körpergröße Lauftiere. In Menschenobhut bekommen sie ihr Futter vor die Nase gesetzt und müssen deshalb ihren Lauftrieb anderweitig abreagieren.

Vor- und Nachteile von Käfigen

Einige im Handel befindliche Goldhamsterkäfige sind leider so klein, daß nach Hineinstellen von Schlafkästchen, Laufrad und Futternapf kaum noch Platz für einen ausgewachsenen Goldhamster bleibt. Solche Käfige sollten Sie auf keinen Fall kaufen. 60 cm Seitenlänge ist das Mindestmaß für die Abmessungen eines Goldhamsterkäfigs, noch größer wäre noch besser. Einige handelsübliche Käfigmodelle gleichen die relativ kleine Grundfläche durch eine zweite Etage im Käfig aus, was ein recht guter Kompromiß ist. Der eingelegte Boden dieser Etage sollte aber

Gitterkäfige haben den Vorteil, daß sie dem Hamster vielfältige Klettermöglichkeiten bieten

nicht aus Gittermaterial (denn darauf laufen die Hamster nicht so gern), sondern zum Beispiel aus Holz bestehen. Aus dem gleichen Grund lehne ich auch ein über dem Käfigboden angebrachtes Gitter, durch das die Exkremente fallen sollen, ohne daß der Hamster noch einmal damit in Berührung kommt, ab. Für ein baumbewohnendes Tier wie etwa ein Hörnchen mag das in Ordnung sein, da es das Balancieren auf schmalen Unterlagen gewohnt ist, aber für einen Bodenbewohner wie den Hamster ist ein solcher Untergrund völlig ungeeignet.

Zwerghamster haben übrigens fast den gleichen Platzbedarf wie die viel größeren Goldhamster.

Bei Zwerghamstern richtet sich die Käfiggröße in erster Linie danach, ob Sie ein Einzeltier oder ein Paar halten wollen. Interessanterweise brauchen zwei Tiere nicht mehr Platz als eines, sondern genau umgekehrt! Harmonierende Zwerghamsterpaare (auch gleichgeschlechtliche) beschäftigen sich nämlich sehr viel miteinander und reagieren auf diese Weise den Großteil ihres Bewegungstriebes auch auf kleinem Raum ab. Daher reichen für diese Pärchen meist Käfiglängen von 40–50 cm. Einzeln gehaltene Zwerghamster dagegen benötigen zum Austoben den gleichen Platz wie ein Goldhamster!

Unter den verschiedenen Arten gibt es dabei auch unterschiedliche Temperamente. Die kleinsten Hamster – die Roborowski-Zwerghamster – sind regelrechte »Jogger« und lieben es, stundenlang im Käfig herumzulaufen. Entsprechend groß ist ihr Platzbedarf, denn ein Laufrad benutzen die Winzlinge nicht so gern.

Dsungarische und Campbell-Zwerghamster sowie Chinesische Streifenhamster toben sich dagegen gern durch Klettern aus. Auch wenn sich die beiden erstgenannten Arten nicht sonderlich geschickt dabei anstellen, machen sie das durch ihre Begeisterung wett.

Die einfachste Klettermöglichkeit für alle Hamster bilden natürlich die Streben eines Gitterkäfigs. Daher sollten Hamsterkäfige immer querverdrahtet sein, damit die kleinen Kobolde nicht ständig herunterrutschen. Achten Sie auch auf den Abstand der Gitterstäbe, wenn Sie einen Hamsterkäfig kaufen. Für Hamster (und andere kleine Nagetiere) gilt nämlich der gleiche Grundsatz wie für Katzen: Wo der Kopf hindurchpaßt, paßt der Rest auch noch durch! Für Goldhamster hat sich ein Abstand der Streben von 1 cm bewährt, für die kleinen Zwerghamster sollten es nur 6 bis 8 mm sein.

Ein guter Rat aus eigener Erfahrung: Achten Sie besonders auf die Käfigtürchen! Die Verschlußklammer läßt nämlich ein »Fluchtloch« offen, durch das ein junger Goldhamster und sogar ein erwachsener Zwerghamster entkommen kann! Verschließen Sie diese Lücke daher, am einfachsten mit einem Stück Blumendraht.

Manche Vogelkäfige lassen sich für die Haltung von Hamstern, besonders Goldhamstern, zweckentfremden. Sehr geeignet sind dafür die sogenannten Doppelkäfige, die durch einen Gitterschieber in zwei Abteile aufgeteilt sind. Nach Herausnehmen des Schiebers bleibt ein schöner großer Käfig, der meistens auch (da ursprünglich in erster Linie für Wellensittiche gedacht) überwiegend querverdrahtet ist.

Vorsicht bei diesen Verschlüssen, sie müssen zusätzlich gesichert werden, denn Zwerghamster und junge Goldhamster können sonst durch den Spalt entwischen

Geschickte Heimwerker können hier auch ohne große Mühe noch eine »zweite Etage« einziehen.

Zweckentfremdete Vogelkäfige haben allerdings auch einen Nachteil, und das ist ihre Höhe. Hamster hangeln nämlich auch gern unter dem Deckengitter und stürzen dabei auch schon einmal ab. Je tiefer der Sturz, desto höher aber auch die Verletzungsgefahr!

Meerschweinchen- und Kaninchenkäfige sind wegen des zu großen Gitterabstandes für die Hamsterhaltung unbrauchbar.

Die meisten Menschen denken: »Wenn schon ein Tier hinter Gittern, dann soll der Käfig auch schön aussehen.« Solche »schön« aussehenden Käfige bietet der Zoohandel in reicher Auswahl an. Bevor Sie einen solchen Käfig kaufen, sollten Sie aber folgendes bedenken: Dem Tier ist das Aussehen des Käfigs »wurscht«, es legt auf ganz andere Dinge wert. Schönheitsempfinden ist eine Eigenschaft des Menschen und noch dazu bei jedem recht unterschiedlich ausgeprägt. Tieren dagegen kommt es mehr auf die Gemütlichkeit und Geborgenheit ihrer Unterkunft an. Was nützt dem Hamster ein gigantischer Käfig attraktivster Bauart, wenn darin nur ein Futternapf steht und ein Büschel Heu in der Ecke liegt? Dann lieber eine kleine, einfache und dafür interessanter eingerichtete Behausung. Auch Sie finden sicherlich ein gemütlich möbliertes, aber kleines Kaminzimmer wohnlicher als eine architektonisch eindrucksvolle Messehalle, auch wenn Sie in dieser noch so viel »Auslauf« haben!

Der Käfig sollte nicht nur schön, sondern vor allem praktisch sein. Unpraktisch sind in meinen Augen zum Beispiel oben abgerundete Käfige, auf die man nicht einmal den Futternapf zum Auffüllen stellen kann. Außerdem gibt es in den letzten Jahren fast nur noch Käfige im Handel, bei denen die Gitterstäbe farbig beschichtet sind; silber- und goldfarbiges Gitterwerk ist anscheinend nicht mehr gefragt. Auf den ersten Blick mag ein solcher Käfig mit weißem oder cremefarbenem Gitter ja attraktiver wirken, doch hat er ganz eindeutige Nachteile für die Unterbringung eines Hamsters. Hamster sind nämlich Nagetiere und machen auch vor dem Gitter nicht halt. An silbernen und goldenen Gitterstäben bleiben auch nach hartnäckiger Bearbeitung durch die Tiere keine Schadstellen zurück, hingegen läßt sich die helle Farbe gut abnagen und legt dann den schwarzen Untergrund frei. Ein derart

benagter Käfig sieht schnell scheckig und unsauber aus, und genau das wollten wir ja nicht. Zudem behindern helle Gitterfarben den Blick auf die Tiere, und schließlich wollen wir uns ja keinen Hamster anschaffen, um den Käfig zu bewundern, sondern dessen Bewohner!
Käfige mit dunkelbraunem oder schwarzem Gitter behindern am wenigsten den Blick, da diese Farben kaum Licht reflektieren. Leider sind sie nur selten im Handel. Mittlerweile macht die Mode selbst vor den »Hamsterheimen« nicht mehr halt, und so sieht man zunehmend Modelle in Rosa und Himmelblau. Auch diese Farben verhindern den freien Durchblick, allerdings stören den Hamster die grellen Töne weniger.

Vor- und Nachteile von Terrarien

Die Alternative zum Gitterkäfig ist das Terrarium. Unter diesen Begriff fallen außer den »echten« Terrarien auch Aquarien und Holzterrarien, wobei sich letztere leicht selbst bauen lassen. Ein Terrarium bietet für die Hamsterhaltung folgende Vorteile:
- Keine Sichtbehinderung durch Gitter
- Keine herausfliegende Einstreu
- Keine Fluchtgefahr bei Junghamstern, die sonst durch die Gitterstäbe entweichen könnten (Dies Problem hat man bei Gitterkäfigen in erster Linie bei Zwerghamstern.)

Die Nachteile des Terrariums gegenüber dem Gitterkäfig sind:
- Höheres Gewicht und damit auch schlechtere Transportmöglichkeit
- Höherer Reinigungsaufwand, da verschmutzte Scheiben und keine entnehmbare Bodenwanne
- Schlechtere Luftzirkulation (hauptsächlich bei umfunktionierten Aquarien)
- Fehlende Klettermöglichkeit

Besonders die beiden letzten Punkte verdienen Beachtung. Da verbrauchte Luft feuchter und schwerer ist als frische, sammelt sie sich am Boden des Terrariums. Die Kombination von Feuchtigkeit und den Exkrementen des Hamsters schafft wiederum ideale Lebensbedingungen für Bakterien. Außerdem »stinkt« es den Hamstern mit zunehmender Luftverschlechterung natürlich, und es ist ein Alarmzeichen, wenn sie stets bemüht sind, sich auf erhöhten Punkten im Terrarium aufzuhalten oder gar dort zu schlafen.
In den käuflichen Glasterrarien entsteht dieses Problem kaum, da sie Lüftungsgitter besitzen und auch die Schiebescheiben der Vorderfront mit Absicht nicht luftdicht abschließen.

Terrarien haben den Vorteil, daß man eine hohe Schicht Einstreu zum Buddeln für den Hamster hineinlegen kann

Bei einem zweckentfremdeten Aquarium müssen Sie neben der ausreichenden Belüftung darauf achten, daß die Oberfläche nicht im Mißverhältnis zur Höhe steht. Dabei gilt als Faustregel, daß das Aquarium nicht höher als breit sein soll. Ein Aquarium von 60 x 30 cm Fläche sollte also nicht höher als 30 cm sein.

Die Bewegungsfreiheit des Hamsters im Terrarium wird durch das Fehlen der Klettermöglichkeiten am Gitter eingeengt. Daher muß ein Terrarium für den gleichen Hamster größer sein als ein Gitterkäfig, damit man Klettermöglichkeiten in Form von Steinen, Ästen usw. unterbringen kann. Laufräder gibt es sowohl für die Anbringung am Gitter wie auch an Glasscheiben (per Saugnapf), außerdem auch solche zum Aufstellen. Auch Trinkröhrchen (soweit notwendig) gibt es mit unterschiedlichen Halterungen. Ein Terrarium – gleich welcher Art – für Goldhamster sollte die Abmessungen 80 x 40 x 40 cm nicht unterschreiten. Streifenhamster benötigen 50, besser noch 60 cm Frontlänge. Die übrigen Zwerghamsterarten können auf das Klettern verzichten, sofern sie freien Raum zum Laufen haben. So halte ich mit bestem Erfolg Paare von Dsungarischen, Campbell- und Roborowski-Zwerghamstern in Terrarien von 40 x 25 x 25 cm Größe, die sich trotz einfachster Einrichtung (Einstreu, Schlafnest, Futternapf) »pudelwohl« fühlen und regelmäßig Junge bekommen.

Für die letztgenannten Arten müssen die Terrarien auch bei einer Höhe von 25 cm nicht abgedeckt werden, da sie nur ein paar Zentimeter hochhüpfen können (dann dürfen natürlich keine erhöhten Gegenstände als Sprungbrett dienen!). Streifen- und vor allem Goldhamster hingegen sollten generell mit einem Gitterdeckel abgesichert werden. Einer meiner Goldhamster sprang aus einem 40 cm hohen Glasaquarium!

Hamsterheim selbst gebaut

Als Bastler können Sie auch für wenig Geld ein schönes und zweckmäßiges Hamsterterrarium selbst bauen. Sie brauchen dafür als Grundmaterial Holzplatten, eine Glasscheibe, Gitter, einen Bohrer und Silikonmasse.

Aus den Holzplatten werden Boden, Rückwand und Seitenwände gefertigt. Dabei verwende ich mit gutem Erfolg weiß beschichtete Spanplatten mittlerer Stärke (aus denen auch zum Beispiel Küchenmöbel hergestellt werden). Dieses Material ist wasserfest, leicht zu reinigen und bietet

Es ist gar nicht so schwer, eine Hamsterunterkunft selbst zu bauen und abwechslungsreich und damit auch ortgerecht einzurichten

wegen seiner Glätte keinen Ansatzpunkt für die Nagezähne der Hamster. Nach dem Zusammenschrauben der Holzplatten werden alle Fugen mit transparenter Silikonmasse verfugt, damit kein Urin in das Holz eindringen kann. Für die Vorderfront benutze ich eine Glasscheibe, die ich zweckmäßigerweise nicht fest einklebe, sondern in Führungsschienen setze, so daß sie sich nach oben herausziehen läßt. Das erleichtert die Reinigung sowohl des Terrariums als auch der Frontscheibe erheblich. Für die Oberseite bastle ich noch einen aufklappbaren Gitterdeckel, und fertig ist das Terrarium! Mit etwas Geschick läßt sich ein solches Holzterrarium auch für eine Zimmerecke bauen, wobei man aber die spitzen Winkel des Dreiecks etwas kappen sollte. Tut man das nicht, verlockt man nämlich den Hamster dazu, diesen »Eingang« (alles Trichterförmige ist in Hamsteraugen ein Höhleneingang) zu erweitern. Das Ergebnis: Der Hamster sitzt stundenlang in der Ecke und scharrt und nagt unentwegt. Das wollen wir lieber vermeiden!

Einrichtung und Zubehör

Wie schon mehrfach angesprochen, ist für ein Tier nicht nur die Größe, sondern vor allem die artgerechte Einrichtung seiner Unterkunft wichtig. Welches aber sind nun die Bedürfnisse unseres kleinen Hausgenossen?
Wir erinnern uns: Hamster sind sehr aktive Tiere, die gern laufen, graben und – je nach Art verschieden – klettern. Sie brauchen aber auch eine Rückzugsmöglichkeit, um ungestört schlafen zu können.

Einstreu

Beginnen wir im wahrsten Sinne des Wortes mit dem »Fundament« der Hamsterwohnung: mit der Einstreu.
Hier gibt es drei gängige Möglichkeiten. Katzenstreu saugt besonders gut die Feuchtigkeit auf und absorbiert den Geruch. Sie hat aber zwei Nachteile, da sie ja nicht für die Hamsterhaltung konzipiert wurde: Sie staubt sehr, wenn der Hamster darin wühlt, und stellt zudem einen harten und damit unbequemen Untergrund dar. Weicher ist Torfmull, doch haftet er durch seine gute Feuchtigkeitsspeicherung in Verbindung mit seinem geringen Gewicht überall fest, besonders auch im Fell des Hamsters.
Ich habe die besten Erfahrungen mit der handelsüblichen Kleintierstreu aus Hobelspänen gemacht (nicht zu verwechseln mit dem völlig ungeeigneten Sägemehl!). Dieses Material bindet zwar Gerüche nicht so gut wie die beiden anderen, bildet aber einen lockeren und weichen Untergrund, und die Späne setzen sich nicht hartnäckig im Hamsterfell fest (Ausnahmen sind die langhaarigen Teddyhamster. Mit ihren langen Haaren wirken sie wie ein Mop im

Hamsterkäfig. Bei ihnen ist daher doch eher die schwerere Katzenstreu anzuraten, es sei denn, man will sie täglich bürsten. Je länger das Fell, desto mehr Probleme hat der Hamster, es selbst sauberzuhalten!)
Wie oft die Einstreu zu wechseln ist, hängt von der Hamsterart, der Käfiggröße und der Art der Fütterung ab. Zwerghamster geben aufgrund ihrer geringeren Größe natürlich weniger Exkremente ab als Goldhamster, zudem riechen ihre Ausscheidungen nur schwach. Bei den Goldhamstern sind es im Gegensatz zu vielen anderen Heimtieren die Weibchen, die einen etwas stärkeren Geruch verbreiten. Als aktivere Revierbesitzer markieren sie ihren Eigenbezirk intensiver als die Männchen. Zudem produzieren sie während der Paarungsbereitschaft Sexuallockstoffe, die den Männchen signalisieren, daß sie zur Hochzeit bereit sind. Diese Stoffe werden auch gebildet, wenn gar kein Männchen in der Nähe bzw. in der Wohnung ist!
Normalerweise benutzen Hamster immer nur eine Ecke ihrer Unterkunft als Toilette, lediglich kranke Tiere lassen manchmal ihre Exkremente wahllos fallen. Selbst wenn junge Hamster zum ersten Mal das Nest verlassen, gehen sie schon auf den »richtigen Topf«. Diese Eigenschaft erleichtert natürlich die Käfigreinigung sehr! Am einfachsten ist es, wenn Sie täglich die Klo-Ecke säubern und einmal wöchentlich die gesamte Einstreu wechseln. (Die häufige Verfütterung von Kohlrabi und Äpfeln verstärkt übrigens den Eigengeruch der Tiere.) Roborowski-Zwerghamster sind besonders geruchlos. Bei ihnen müssen Sie deshalb besonders darauf achten, daß die Einstreu nicht zu feucht wird. Als spezialisierte Sanddünenbewohner reagieren sie auf feuchten Untergrund mit Augenentzündungen, fettigem Fell und Haarausfall.

Heu dient nicht nur als Einstreu und Nistmaterial, sondern der Hamster kann auch seine Gänge hineinwühlen

Terrarien haben gegenüber Gitterkäfigen den Vorteil, daß keine Einstreu herausfallen kann. Sie können daher Ihrem Hamster darin auch eine hohe Schicht des Bodengrundes bieten, um seinem Grabtrieb Rechnung zu tragen. Denken Sie jedoch dann daran, daß Sie ihn weniger zu Gesicht bekommen werden!

Schlafplatz

Alle Hamster graben sich im Freileben unterirdische Gänge und Schlafkammern. Auch in menschlicher Pflege benötigen sie deshalb einen sicheren Schlafplatz. Im Zoohandel werden die unterschiedlichsten Typen von sogenannten Hamster-

häuschen angeboten, die in erster Linie für Goldhamster gedacht sind. Solche aus Plastik lehne ich grundsätzlich ab, da sich in ihnen Schwitzwasser bildet, was die Gesundheit der Hamster beeinträchtigt. Zudem ist es für die Tiere nicht ganz ungefährlich, wenn sie den Kunststoff anknabbern. Hamsterhäuschen aus Holz sind da wesentlich besser, aber meiner Erfahrung nach nur anfangs. Ein junger Goldhamster hat in den üblichen Nestkästen zunächst reichlich Platz. Mit dem Heranwachsen aber wird es für ihn immer enger, und aus dem Hamsterhäuschen wird ein regelrechtes »Hamsteretui«. Denken Sie daran, daß nicht nur der Hamster selbst im Kästchen Platz haben muß, sondern auch noch Nistmaterial und sein Hamstervorrat! Bei Teddyhamstern leidet zudem noch das lange Fell, wenn sie nicht genug Platz haben. Deshalb verwende ich für Goldhamster grundsätzlich Wellensittich-Nistkästen. Sie bieten reichlich Platz und haben dazu den großen Vorteil, daß man ihr Dach aufklappen kann, um den Nestinhalt zu kontrollieren, also um zu sehen, ob der Hamster verderbliche Futtermittel eingelagert hat. Da sie im Gegensatz zu den meisten Hamsterhäuschen einen Boden haben, lassen sie sich bei der Käfigreinigung auch mitsamt Nistmaterial und schlafendem Hamster herausnehmen. Das relativ große Dach bildet zudem einen guten Stellplatz für den Futternapf, er kann dort nicht unter Einstreu verschüttet werden.

Die käuflichen Hamsterhäuschen sind für einen ausgewachsenen Hamster samt Nistmaterial und Hamstervorrat meist zu klein

Nistmaterial

Als Nistmaterial sind viele Stoffe geeignet. So verwende ich Heu, trockenes Gras und Laub sowie Zellstoff (in Form von unparfümierten Papiertaschentüchern), außerdem suchen sich die Hamster aus der Einstreu die längeren Hobelspäne zusammen. Auch die käufliche Hamsterwatte ist ein gutes »Bettzeug«, doch warne ich vor ihr, wenn Ihr Hamster Junge erwartet. Einem bei mir geborenen Nestling wurde nämlich von den dünnen Fäden ein Hinterfuß abgeschnürt!

Goldhamster bleiben normalerweise in einem Nest, wenn sie es erst einmal angenommen haben. Zwerghamster hingegen ziehen gern ab und zu mit ihrem Bettzeug um. Bisher haben alle von mir gehaltenen Zwerghamster die angebotenen Höhlen verschmäht, lediglich eine hohl liegende Rinde als Dach wurde manchmal akzeptiert. Sie bevorzugen es, sich einfach eine Mulde in die Einstreu zu graben und diese

mit etwas Nistmaterial auszupolstern. In derart offenen Nestern bekommen sie auch ihre Jungen, und es stört sie absolut nicht, daß man jederzeit Einblick in die Kinderstube hat. Beim Umzug mit dem Nest sind sie bei der Wahl des neuen Standortes anscheinend wenig wählerisch; ich fand schon Nester in der Klo-Ecke und sogar im Futternapf!

Laufrad

In jeden Goldhamsterkäfig gehört ein Laufrad. Es ist falsch zu behaupten, der Hamster würde durch das ständige Laufen verblöden; es bereitet ihm vielmehr einen Heidenspaß! Allerdings gibt es auch unter Hamstern »Joggingfans« und »Sportmuffel«.
Laufräder gibt es aus Metall und aus Plastik. Hier habe ich mit den letzteren die besseren Erfahrungen gemacht; ich habe noch nicht erlebt, daß ein Plastiklaufrad von den Hamstern angenagt wurde (die Plastikhäuschen werden es nur deshalb, weil der Hamster den Eingang vergrößern will). Im Gegensatz zu den Laufrädern aus Plastik müssen die aus Metall regelmäßig geölt werden, da sie sonst schrecklich quietschen. Leider aber lecken die Hamster das Schmiermittel gern ab, weswegen man ein ungefährliches Fett (etwa Margarine) benutzen muß.
Ein Laufrad, das am Gitter befestigt wird, bringt bei seiner Betätigung leicht den ganzen Käfig zum Vibrieren und verursacht dadurch mehr Geräusche als ein aufstellbares. Ich nehme das jedoch gern in Kauf, da es nicht die Bodenfläche blockiert. Wenn man es einige Zentimeter über dem Boden befestigt, kann der Hamster leicht darunter durchlaufen. Für Glasterrarien sind auch Laufräder mit Saugnapf erhältlich. Sie sind aber ungeeignet, da der Saugnapf schnell zernagt wird. Leider haben alle handelsüblichen Laufräder den Nachteil, daß sie für einen voll ausgewachsenen Goldhamster eigentlich zu klein sind, er muß sich schon gewaltig durchbiegen. Die Heimtierindustrie sollte größere Räder auf den Markt bringen.
Zwerghamster benutzen nach meinen Beobachtungen ein angebotenes Laufrad gar nicht (die meisten Roborowskis) oder nur selten (alle anderen), in keinem Fall aber so ausdauernd wie Goldhamster. Vielleicht liegt das aber auch daran, daß ich nie einen Zwerghamster einzeln gehalten habe, bei meiner Paar- bzw. Familienhaltung verbringen sie viel Zeit mit dem Spielen mit Artgenossen und brauchen das Laufrad nicht.

Ein Laufrad gehört zur Standardeinrichtung eines Goldhamsterkäfigs

Klettermöglichkeiten

Wie schon im vorangegangenen Kapitel erwähnt, verlangen Gold- und Streifenhamster unbedingt nach Klettermöglichkeiten. Oft reicht da schon das Käfiggitter.

Langlochziegel sind ein idealer Versteck- und Tummelplatz für Hamster

Alle Goldhamster klettern gern und sollten auch in ihrem »Hamsterheim« die Möglichkeit dazu haben

Interessanter für Betrachter und für Tiere in Terrarien unbedingt notwendig ist es aber, Steine und Äste im Käfig anzubringen, wobei die Hamster an den letzteren sogar noch ihr Nagebedürfnis abreagieren können. Als Klettersteine eignen sich am besten große Flußkiesel und Ziegel, unter den Ästen wählt man solche von Laubbäumen, besonders von ungespritzten Obstbäumen. Eine Tummelmöglichkeit von besonderer Attraktivität – auch für Zwerghamster – sind Langlochziegel, die zwei parallele Röhren aufweisen, in denen sich gut »Verstecken« spielen läßt. Auch mit Korkrinde lassen sich interessante Kletter- und Versteckmöglichkeiten bauen, und Kokosnußschalen sind ebenfalls sehr beliebt.

Falls sich zwei oder mehr Hamster in dem Käfig bzw. Terrarium befinden, kann es nicht schaden, aus den genannten Materialien Sichtblenden zu schaffen, damit sie sich bei eventuellen Streitereien aus den Augen gehen können. Zwar orientieren sich Hamster mehr mit ihrem Gehör und dem Geruchssinn als mit den Augen, doch löst bei ihnen eine Bewegung einen Verfolgungsreflex aus, wenn sie in Streitlaune sind. Aus diesem Grund kann es auch nicht schaden, wenn pro Tier ein Versteck geboten wird, damit sie notfalls »getrennte Betten« beziehen können. Zwerghamster entziehen sich einander oft auf sehr einfache, aber wirkungsvolle Weise: Sie gehen in den Untergrund, das heißt, sie wühlen sich einfach unter die Einstreu.

Die Hamsterwohnung ist nun fast fertig eingerichtet, fehlt nur noch das »Eßzimmer«. Doch zum Thema Futter- und Wassergefäße mehr im nächsten Kapitel.

Gesunde Ernährung

Der Speisezettel

Zur richtigen Pflege eines Heimtieres gehört auch eine ausgewogene und artgerechte Ernährung. Sie ist die Grundlage dafür, daß das Tier nicht nur einfach am Leben, sondern gesund bleibt. Dazu gehört auch eine gewisse Abwechslung.

Fertigfutter

Die käuflichen Futtermischungen für Goldhamster bestehen zur Hauptsache aus Körnern der verschiedenen Getreidesorten.

Der Zoohandel bietet fertige Mischungen dieses Grundfutters von verschiedenen Herstellern an, das in seiner Zusammenstellung auf die Bedürfnisse von Goldhamstern zugeschnitten ist. (Für Zwerghamster gibt es noch keine käuflichen Mischungen, Goldhamsterfutter ist nicht geeignet, denn es ist für sie zu grob.)

Ich habe im Laufe der Jahre aber immer wieder die Erfahrung gemacht, daß meine Goldhamster von käuflichen Mischungen diverse Bestandteile nicht mochten und übrigließen. Daher bin ich dazu übergegangen, mein Futter selbst zu mischen, was ich mit Erfolg praktiziere. Hält man Zwerghamster, muß man das Futter sowieso selber mischen.

Was mich zusätzlich an der Verfütterung eines immer gleichen Fertigfutters stört, ist die fehlende Abwechslung. Freilebende Hamster (wie viele andere Tiere auch) haben zwar einen umfangreichen Speisezettel, finden aber nicht alle Nahrungssorten zu jeder Zeit bzw. Jahreszeit. Sicherlich ist das Fertigfutter nach den Erkenntnissen der Tierernährungsforschung optimal zusammengesetzt und enthält alle Nähr- und Aufbaustoffe, doch ist es auf Dauer recht eintönig. Der Hamster leidet bei dieser Art der Ernährung zwar keinen Mangel, aber erfährt auch wenig Abwechslung, und gerade die ist bei einem Käfigtier, dessen interessanteste Beschäftigung das Futter ist, wichtig. Ich plädiere deshalb – wenigstens zwischendurch einmal – für selbstgemachtes Futter.

Hamsterfutter selbstgemischt

Für meine eigenen Futtermischungen verwende ich zwar immer wieder die gleichen Futterbestandteile, aber in ständig wechselnder Mischung bzw. unterschiedlichem

Hamster – egal ob Gold- oder Zwerghamster – lieben eine abwechslungsreiche und reichhaltige Futtermischung

Mischungsverhältnis. Alle Zutaten lassen sich in Supermarkt und Zoohandlung leicht beschaffen, wobei einige eigentlich für die Ernährung anderer Tiere oder gar des Menschen gedacht sind. Im einzelnen verwende ich folgende Bestandteile:

- Wellensittichfutter (in erster Linie für Zwerghamster)
- Sonnenblumenkerne
- Mais (ganze Körner oder Bruchmais)
- trockene Erbsen
- rohe Nudeln
- Kaninchenpellets
- Rosinen
- Erdnüsse
- Zirbelnüsse
- Haselnüsse
- Corn-flakes
- Hunde- oder Haferflocken
- Kolbenhirse (Zwerghamster)
- Zwieback (zerkleinert)
- Knäckebrot (zerkleinert)

Dazu kommt von Zeit zu Zeit etwas Johannisbrot (im Reformhaus erhältlich). Tierisches Eiweiß (Hamster sind keineswegs reine Vegetarier!) biete ich ständig in Form von Hundefutter an. Als Geheimtip gebe ich der Futtermischung gelegentlich etwas Zierfischfutter bei. Nachdem ich nämlich einmal einen Rest davon probeweise an meine Zwerghamster verfüttert hatte, stellte ich fest, daß sie in der Folgezeit ein besonders glänzendes und gesundes Fell bekamen.

Bei der Zusammenstellung der Mischung gibt es auch noch einige Punkte, die beachtet werden müssen. So muß das Futter für Zwerghamster feiner sein als das für Goldhamster. Die kargste und feinste Nahrung ist der Roborowski-Zwerghamster von

Hamster sind keine reinen Vegetarier und brauchen gelegentlich tierisches Eiweiß. Hier ist etwas Hundetrockenfutter die einfachste Lösung

Natur aus gewohnt, er verzehrt fast ausschließlich Sämereien von Gräsern. In seiner Futtermischung sollte daher das Wellensittichfutter überwiegen. Goldhamster machen sich aus derart feinkörnigem Futter in der Regel nichts, sie bevorzugen größere Brocken. Die anderen Zwerghamsterarten nehmen sowohl als auch.

Gewisse Futterbestandteile führen bei übermäßigem Verzehr leicht zur Verfettung, weshalb sie sparsam angeboten werden müssen. Dazu zählen vor allem Nüsse jeder Art, aber auch Sonnenblumenkerne und Rosinen. Denken Sie daran, daß Hamster von Haus aus Bewohner trockener und karger Landstriche sind, in denen sie solche Leckerbissen normalerweise gar nicht finden. Ein Zuviel davon kann sogar ernsthafte Erkrankungen zur Folge haben, da der Verdauungstrakt von Hamstern darauf gar nicht eingestellt ist.

Und zum Schluß noch ein wichtiger Punkt, den Sie bei der Zusammenstellung des Hamsterfutters berücksichtigen müssen:

Hamster sind Nagetiere, und wie alle Nager besitzen auch sie wurzellose, ständig wachsende Nagezähne, die durch harte Nahrung abgeschliffen werden müssen. Bekommt der Hamster ständig zu weiches Futter, wachsen die Zähne ungehindert weiter, bis sie weit aus dem Maul hervorstehen und die Nahrungsaufnahme erschweren und schließlich unmöglich machen. Daher brauchen Hamster harte Zusatznahrung, die sie kräftig bearbeiten müssen. In der Regel gebe ich deswegen altes, getrocknetes Grau- oder Vollkornbrot oder Hundekuchen.

Erdnüsse sind begehrte Leckerbissen, die Hamster aber nur selten bekommen dürfen, da sie sehr fetthaltig sind

Grünfutter

Neben den trockenen Körnern und Sämereien sollten alle Hamster regelmäßig Grünfutter – auch Saftfutter genannt – bekommen. Zwar sind nicht alle Obst- und Gemüsesorten für die Hamsterfütterung geeignet, aber uns steht trotzdem eine große Palette zur Auswahl. Nachfolgend beschränke ich mich auf die Sorten, die ich bisher mit Erfolg angeboten habe. Einige davon sind nur saisonal erhältlich, viele lassen sich im eigenen Garten oder sogar auf dem Balkon anbauen, manche auch auf dem Spaziergang sammeln.

Grundsätzlich ist wichtig, daß Grünfutter nicht in unmittelbarer Nähe einer Straße gesammelt wird, es ist dort zu sehr durch Abgase belastet. Gekauftes Grünfutter

muß wegen diverser Spritzmittel gut gewaschen werden! Denken Sie daran, daß für den kleinen Organismus eines Gold- oder gar Zwerghamsters schon eine geringe Menge Gift tödlich sein kann. Die Giftstoffe werden ja nicht wieder ausgeschieden.
Bei selbst gesammeltem Futter müssen Sie auch sorgfältig auf Verschmutzung durch Vogelkot achten. Dieser muß gründlich entfernt werden, da er Salmonellen enthalten kann, welche nicht nur den Hamster, sondern auch seinen Besitzer krank machen können.
Folgende Arten von Grünfutter habe ich erprobt, und sie werden von meinen Hamstern gern genommen und gut vertragen:

- Apfel (nicht sauer)
- Birne
- Banane
- Erdbeere
- Kohlrabi
- Weißkohl
- Endivie
- Salatgurke
- Sojasprossen
- Zucchini
- Kürbis
- Kopfsalat
- Chicoree
- Möhre
- Eisbergsalat
- Petersilie (Zwerghamster!)
- Kartoffel
- frischer Mais (auch aus Dosen)
- Löwenzahn
- Wegerich
- Vogelmiere

Alle Hamster mögen gern Salat und andere Blattgemüse

Die grünen Teile von Möhren und Kartoffeln sowie die Kartoffelkeime sind giftig und müssen vor dem Verfüttern entfernt werden. Das Möhrenkraut dagegen wird von Zwerghamstern sehr gern gefressen, wenn auch nur in kleinen Mengen.
Außerdem biete ich von Zeit zu Zeit ungespritzte belaubte Zweige von Obstbäumen, Weiden, Birken, Buchen und Nußbäumen an, von denen die Hamster nicht nur Laub und Knospen, sondern auch die Rinde lieben. Zwerghamster sind dazu regelrecht scharf auf Blüten, wie ich bei der probeweisen Verfütterung von Apfelbaum- und Löwenzahnblüten feststellen konnte. Auch die Wurzeln des Löwenzahns werden gern genommen.

Leckerbissen

Die nachfolgend aufgeführten Leckerbissen schmecken den Hamstern nicht nur besonders gut, sondern bieten uns auch zusätzlich die Möglichkeit, interessante und lustige Beobachtungen zu machen.
Falls Sie zum Beispiel einmal einen Rest gekochter Nudeln haben, können Sie diese ruhig den Hamstern anbieten (natürlich ohne Soße!). Es ist ein unvergleichlich komischer Anblick, wenn zwei Zwerghamster an den beiden Enden einer Spaghettinudel zu fressen anfangen und dann schließlich in der Mitte mit den Nasen zusammenstoßen, wie ich es selbst schon mehrfach gesehen habe. Noch dazu versuchen die Zwerge dann, dem Gegenüber möglichst noch den letzten Nudelrest zwischen den Zähnen herauszuziehen!
Auch ein Rest Haferschleim (ungezuckert) findet Abnehmer, ebenso Magerquark oder Magermilchjoghurt. Alle diese Dinge aber sind sehr flüssigkeitshaltig und sollten daher nicht direkt auf die Einstreu gegeben werden. Manche Hamster lassen sich an das Fressen von einem Löffel gewöhnen, andere bevorzugen einen kleinen Napf. Ich verwende als Unterlage gern große Buchen- oder Haselnußblätter. Nach Verzehren des Leckerbissens wird dann hinterher auch der »Teller« noch verputzt!
Wie schon eingangs erwähnt, fressen Hamster nicht nur pflanzliche, sondern auch sehr gern tierische Nahrung. Durch Hundefutter oder auch mageres Hackfleisch läßt sich dieser Bedarf decken. (Bei trächtigen und säugenden Weibchen ist der Bedarf an tierischem Eiweiß höher, bei einem Mangel kann das Weibchen sogar die Jungen töten und auffressen.
Interessanter für Tier und Betrachter ist allerdings die Verfütterung lebender Insekten. Am einfachsten ist es, die in der Zoohandlung erhältlichen Mehlwürmer zu verfüttern, denn Mehlwürmer sind immer zu bekommen. (Dies sind keine Würmer, sondern die Larven des schwarzen Mehlkäfers. Auch die Käfer selbst und die Puppen werden von den Hamstern verspeist.)
Noch eindrucksvoller ist die Verfütterung von Grillen und Heuschrecken. Grashüpfer lassen sich in den Sommermonaten leicht fangen, möglichst auf Viehweiden oder Wiesen abseits von Feldern und Straßen, da dort die Belastung durch Insektengifte und Abgase gering ist. Grillen und Wanderheuschrecken gibt es in verschiedenen Größen in Zoohandlungen, die

auch Terrarientiere führen, sowie per Versand über Spezialzuchtbetriebe. Ein paar Grillen oder Heuschrecken in ein Terrarium mit Hamstern, und Sie werden sich wundern, wie schnell »Leben in die Bude kommt!« In Gitterkäfigen sollten Sie aber lieber aus der Hand füttern, sonst stoßen Sie bald in der Wohnung auf entkommene Futtertiere. Aber selbst wenn mal eine Heuschrecke entkommen sollte, ist das kein Grund zur Panik. Nur Heimchen (Hausgrillen) können sich in unserem Klima im Haus fortpflanzen und dann zur Plage werden, die von Zoohandlungen angebotenen schwarzen Grillen und Wanderheuschrecken tun dies nicht.

Hamster jagen nach Gehör und Geruchssinn, und so kann es vorkommen, daß sie an einer Grille erst einmal vorbeilaufen oder sie regelrecht überrennen, bevor sie sie richtig orten und schnappen können. Speziell Zwerghamster entwickeln dabei erstaunliche Geschwindigkeiten, die man den oft so behäbig wirkenden Tieren gar nicht zutraut. Das erlegte Opfer wird fachgerecht »tranchiert«. Der Hamster ähnelt dann auffallend einem Menschen, der ein Hähnchen ißt!

Sowohl pflanzliche als auch tierische Lekkerbissen können Sie Ihrem Hamster bieten, wenn Sie ihm gelegentlich ein ganzes Grasbüschel mit Wurzeln und anhaftender Erde oder ein Moospolster hineinlegen. Derartige Schätze werden eingehend untersucht und angeknabbert und lassen sich hinterher sogar noch als Nistmaterial benutzen. Die im Pflanzengewirr wimmelnden Kleintiere werden mit Vorliebe gefressen. Versuchen Sie es, Ihr Hamster wird Ihnen dankbar sein!

Trinkwasser

An der Frage »Trinkwasser: ja oder nein« scheiden sich die Geister. Richtig ist: Gibt man kein oder nur selten Grünfutter, muß dem Hamster stets Trinkwasser zur Verfügung stehen. Die Natur hat zwar die Hamster darauf eingerichtet, ihren Flüssigkeitsbedarf aus der Nahrung zu ziehen, doch besteht diese im Freileben ja nicht allein aus trockenem Mischfutter. Selbst die mit Begeisterung erjagten Insekten enthalten eine ganze Menge Feuchtigkeit!

Ich habe mich immer wieder geärgert, wenn meine Hamster ihren Trinknapf verschüttet oder gar als »Wasserklosett« benutzt haben. Trinkröhrchen wollte ich nicht verwenden. Sie sind zwar sehr praktisch, doch schmeckt das Wasser aus ihnen wegen der Dichtungsstopfen stark nach Gummi, es riecht sogar schon danach. Ich glaube nicht, daß dieses Wasser den Tieren so schmeckt, aber mangels Alternativen sind sie eben vielerorts gezwungen, es zu nehmen.

So erinnerte ich mich daran, daß ja Wüsten- und Halbwüstenbewohner genügend Feuchtigkeit durch saftige Nahrung erhalten. Fortan ließ ich also das Wasser weg und fütterte dafür verstärkt Grünfutter. Für die Tiere ist diese Methode wesentlich interessanter, vor allem, wenn man die Futtersorte täglich wechselt. Die meisten Zwerghamster machen sich ohnehin nichts aus Wasser, ich erlebte sogar schon, daß vor allem Roborowski-Zwerghamster als extremste Wüstenbewohner überhaupt nichts mit der Flüssigkeit anfangen konnten, ja sich sogar regelrecht davor zu ekeln schienen.

Mittlerweile habe ich die Methode »Grünfutter statt Trinkwasser« auch bei Nagetieren aus anderen Lebensräumen getestet, und zwar durchweg mit Erfolg. Seither habe ich rund 30 verschiedenen Nagerarten von der winzigen Zwergmaus bis zum Chinchilla auf diese Weise gehalten. Daß die Flüssigkeitsversorgung ausreicht, sehe ich an meinen guten Nachzuchtergebnissen. Ein mangelhaft mit Feuchtigkeit versorgtes Tier würde nicht genug Milch bilden. Meine Jungtierverluste sind aber weitaus geringer als in anderen mir bekannten Zuchten! Dies führe ich zum Teil auch auf die sehr vitaminreiche Ernährung zurück. Durch die reichlichen Obst- und Gemüsegaben kann ich mir Vitaminpräparate, wie man sie dem Trinkwasser zufügen kann, jedenfalls sparen. Auch habe ich noch nie eine nennenswerte Krankheit in meinem stets sehr umfangreichen Tierbestand gehabt, auch nicht den gerade bei Hamstern so häufigen und die Tiere stark schwächenden Durchfall. All das spricht für Grünfutter.

Ein Apfelviertel pro Tag reicht aus, um die genügsamen Steppenbewohner mit Flüssigkeit zu versorgen

Futtermengen und -zeiten

Man hört manchmal, ein Hamster brauche täglich soundsoviel Gramm Futter. Aber ich pflege schließlich nicht die Futterration meines Hamsters mit der Diätwaage abzuwiegen! Außerdem können derartige Richtlinien natürlich nur nützen, wenn das Futter tatsächlich restlos verzehrt wird. Dies ist aber – besonders bei den käuflichen Mischungen – oft nicht der Fall.
Hamster verfetten nicht durch zuviel Futter, sondern höchstens durch zu viele fetthaltige Futterbestandteile (Nüsse, Sonnenblumenkerne, Rosinen). Ist ein Laufrad vorhanden, verbraucht der Hamster mehr Energie und benötigt daher auch relativ mehr Futter. Also: Füllen Sie den Futternapf ruhig, der Hamster weiß selbst, wieviel er braucht. Und wenn etwas übrigbleibt, wird es eben am nächsten Tag gefressen.
Ich bin sogar der Meinung, daß dem Hamster nicht täglich Grundfutter (Fertigfutter oder selbstgemischtes Körnerfutter) zur Verfügung stehen muß, vorausgesetzt, daß er genügend Grünes bekommt. Auch im Freiland findet ein Hamster nicht jeden Tag Körner und Samen und muß sich mit Grünzeug oder Insekten begnügen. Folglich lasse ich ein- bis zweimal in der Woche bei allen Hamstern das Grundfutter weg und biete statt dessen etwas mehr Grünfutter an. Meist haben sie sowieso einen Hamstervorrat an Körnern, von denen sie dann zehren können.
Wenn Sie das Trinkwasser weglassen möchten und statt dessen wie empfohlen Grünfutter reichen wollen, geben Sie soviel Grünes, daß am nächsten Tag noch ein kleiner Rest vorhanden ist. Dann wissen Sie nämlich sicher, daß dem Hamster die Menge gereicht hat. Der Rest muß natürlich entfernt werden, damit er nicht fault. Experimentieren Sie also etwas mit der Menge. Als Anhaltspunkt gilt: Zur Feuchtigkeitsversorgung eines Goldhamsters reicht ein Viertel Apfel täglich, für einen Zwerghamster ein Achtel.
Grünes sollte übrigens immer erst abends gegeben werden, damit es nicht tagsüber, wenn der Hamster schläft, schon verdirbt. Zwerghamster sind zwar auch am Tag zeitweise aktiv, doch ist auch ihre Hauptfreßzeit der Abend.
Vergessen Sie bei allen Ratschlägen nicht, daß der Hamster keine Maschine ist, sondern ein Tier. Nicht nur für den Menschen, sondern auch für das Tier ist Essen nicht allein Mittel zum Überleben, sondern auch eine lustvolle Tätigkeit. Und gerade ein Käfigtier braucht Abwechslung.

Futternäpfe und Trinkgefäße

Bei der Fütterung ist nicht nur das »Was?«, sondern auch das »Wie?« wichtig. Dabei steht an erster Stelle natürlich die Frage nach dem richtigen Futternapf. Allerdings sollten Sie wissen, daß der Futternapf nur der Arbeitserleichterung und dem Ordnungssinn des Hamsterpflegers dient, der Hamster braucht ihn nicht. Hamster sind wie die meisten kleinen Nager von Natur aus darauf eingerichtet, sich ihre Nahrung zusammenzusuchen, wobei sie oft große Flächen »bearbeiten« müssen. Daher wäre es biologisch richtiger, das Hamsterfutter in der Einstreu des Hamsterkäfigs zu verteilen, damit der Hamster seinem Sammeltrieb nachkommen kann. Dagegen dürften sich jedoch die weitaus meisten Hamsterbesitzer sträuben, sieht es doch so unordentlich aus. Hier gehen die Ansichten von Mensch und Tier wieder weit auseinander!
In der Literatur über Hamster wird häufig empfohlen, Näpfe mit nach innen gewölbtem Rand zu benutzen, damit kein Futter herausgescharrt werden kann. Ich bin aber gegen diese Futternäpfe, denn das kann natürlich nur funktionieren, wenn der Napf weniger als halbvoll ist. Auch geht herausgeworfenes Futter ja nicht verloren, der Hamster frißt es trotzdem. Zudem – und das ist für mich das entscheidende Argument dagegen – verleiten derartige Näpfe den Hamster dazu, sich darin ein Nest zu bauen oder sogar dort seine Geschäfte zu erledigen. Die Ursache dafür ist in der Form des Napfes zu sehen: Hohe, nach innen gewölbte Ränder täuschen dem Hamster eine Höhlung und damit Geborgenheit vor.
Auch hochrandige Näpfe mit normalem Rand haben für den Hamsterpfleger einen Nachteil. Hamster fressen nämlich durchaus nicht nur einfach das Futter von oben weg, sondern durchsuchen den Napf gründlich, ob nicht irgendwo tief unten noch ein Leckerbissen zu finden ist. Bei dieser Suche landet also wieder das meiste Futter neben dem Napf!
Beste Erfahrungen habe ich mit flachen Futtergefäßen gemacht. Durch die dementsprechend dünne Futterschicht wittern die Hamster den Napfboden und merken, daß dort unten nichts anderes zu finden ist. Ich verwende mit Vorliebe Blumentopfuntersetzer aus Ton, die innen glasiert sind und sich dadurch leicht reinigen lassen.

Glasierte Blumentopfuntersetzer eignen sich gut als Futterschüsseln, denn sie sind stabil und leicht sauberzuhalten

Falls Sie mehrere Hamster zusammen halten oder züchten, noch ein Tip. Hamster setzen sich zum Fressen gern in den Napf und können ihn auf diese Weise für Artgenossen blockieren. Nehmen Sie also ein Gefäß, das so groß ist, daß es vom größten Hamster nicht ganz ausgefüllt wird, so daß auch die anderen eine Chance haben, ans Futter zu kommen.

Bei mehreren Hamstern in einem Käfig muß man darauf achten, daß die Futterschüssel groß genug ist, damit sich die Hamster nicht in die Quere kommen

Kommen wir zum nächsten Punkt, dem richtigen Standort des Futternapfes.

Keinesfalls sollten Sie den Napf in eine Ecke des Käfigs oder Terrariums stellen. Aus für den Menschen nicht nachvollziehbaren Gründen könnte nämlich der Hamster ausgerechnet diese Ecke als Toilette auserkoren haben und wird dann stets im Futternapf sein Bedürfnis verrichten.

Überhaupt sollte das Futtergefäß nicht direkt am Rand der Käfigwanne stehen. Die Spalte zwischen Napf und Wand reizt nämlich den Hamster dazu, sie durch Buddeln und Schieben zu erweitern, wobei der Napf entweder umgekippt oder sein Inhalt

verschüttet wird. Stellen Sie also das Futtergefäß so auf, daß der Hamster an allen Seiten vorbeilaufen kann.
Vermeiden Sie Futternäpfe aus Plastik, die benagt werden können! Besser sind solche aus Porzellan, Ton oder Steingut. Diese werden wegen ihres höheren Gewichtes auch seltener umgeworfen.
Sie können den Napf auch auf das Dach des Schlafkastens stellen, wenn dieser groß genug ist. Das geht aber nur mit schweren Gefäßen, die nicht so leicht herabgeworfen werden können!
Falls Sie Ihrem Hamster Trinkwasser anbieten, benötigen Sie ein Trinkgefäß.
Ein Napf ist dafür denkbar ungeeignet. Er wird verschmutzt oder umgekippt, der Hamster läuft hindurch oder benutzt ihn gar als Wasserklosett. Das Ergebnis ist nasse Einstreu und ein nasser und damit erkältungsanfälliger Hamster, stinkendes Wasser und in jedem Fall ein hoher Pflegeaufwand. Richtiger ist ein Trinkröhrchen, welches Wasser nur tropfenweise abgibt, sobald der Hamster daran leckt. Bringen Sie es nicht über dem Futternapf an; es geht immer mal ein Tropfen daneben und kann das Körnerfutter verderben!
Trinkröhrchen veralgen sehr leicht und müssen deshalb regelmäßig mit einer Flaschenbürste gereinigt werden. Spülen Sie sie nur mit heißem Wasser ohne Spülmittel aus, denn diese können Rückstände hinterlassen, die einem so kleinen Tier auf Dauer schaden können.
Trinkröhrchen aus Glas sind vorzuziehen. Kunststoffröhrchen können durch das Gitter hindurch angenagt und damit undicht werden; man kann sie allerdings auch durch eine selbstgebastelte »Manschette«

Trinkröhrchen können nicht so schnell verschmutzen und sind deshalb einem Wassernapf vorzuziehen

aus unzernagbarem Material dagegen schützen. Das Trinkwasser muß täglich gewechselt werden.
Warum ich persönlich für die Verfütterung von Obst und Gemüse statt für das Anbieten von Trinkwasser bin, konnten Sie im Kapitel Grünfutter (siehe Seite 49) lesen.
Für Grünfutter brauchen Sie normalerweise kein Futtergefäß, legen Sie es einfach auf die Einstreu oder auf das Schlafhaus. Sie können auch eine Steinplatte als Unterlage verwenden. Das hat den Vorteil, daß keine Einstreu am Futter hängenbleibt. Lediglich bei Zwerghamstern, die meistens an Ort und Stelle fressen, lohnt sich ein Grünfuttergefäß. Goldhamster hingegen tragen oder ziehen die Futterstücke meistens in irgendeine Ecke oder sogar in den Schlafkasten, um sie dort in Ruhe zu verzehren.

Eingewöhnung und Zähmung

Die ersten Stunden im neuen Heim

Haben Sie Ihren neuen Hausgenossen nun zu sich geholt, stellen Sie am besten das Transportgefäß in den bezugsfertigen Käfig bzw. vor dessen Tür (soweit möglich). Der Hamster mag es nämlich gar nicht, gleich aus seiner Transportbox in ein völlig neues und ihm fremdes Gelände, in dem nach seiner Ansicht allerlei Gefahren lauern könnten, geschüttet zu werden. Nun kann es durchaus mehrere Stunden dauern, bis der Hamster erstmals seine Nase aus der Transportbox herausstreckt. Werden Sie nicht ungeduldig. Am besten, sie lassen ihn einen bis zwei Tage völlig in Ruhe und füttern und reinigen nur, wenn er sich tagsüber in seinem Schlafhaus befindet. Nach Ablauf dieser Schonfrist, die auch Ihre Kinder respektieren sollten, können Sie vorsichtige Kontakte aufnehmen. Es gibt zwei sehr unterschiedliche Methoden der Zähmung, die »aktive« und die »passive«.

Zähmung mit Leckerbissen

Die aktive Zähmung wird durch das Anbieten von Futter, in erster Linie von Leckerbissen erreicht. Vermeiden Sie hastige Bewegungen, die den Hamster erschrecken. Versteckt er sich in seinem Häuschen, dann versuchen Sie nicht, ihn wieder ans Tageslicht zu bringen, er muß schon von allein kommen. Reden Sie mit ruhiger Stimme zu dem Tier, dabei ist es völlig egal, was Sie sagen. Versuchen Sie keinesfalls, den Hamster anzufassen, wenn er sich das erste Mal dem Futter in Ihrer Hand nähert! Er würde sich sofort wieder zurückziehen. Bei den ersten zaghaften Vorstößen wird der Hamster versuchen, den Leckerbissen aus Ihren Fingern zu ziehen, um ihn an einem sicheren Ort zu verspeisen. Wenn er aber schließlich ruhig vor Ihrer Hand sitzenbleibt, ist der erste Schritt zur Zähmung vollzogen. Dann dürfen Sie auch vorsichtige Berührungsversuche machen. Nach einigen dieser Übungen wird der Hamster nicht mehr vor Ihnen flüchten, wenn Sie vor den Käfig treten, und Sie schließlich sogar erwarten. Die Berührung des Hamsters innerhalb seines Käfigs ist der nächste Schritt. (Bei der Haltung im Terrarium fällt dieser automatisch mit dem ersten zusammen, denn Sie können ja Ihren Finger nicht durch das Glas stecken.) Denken Sie daran: Hamster sind von Natur aus Einzelgänger, die von sich aus außer zur Paarungszeit kaum Kontakt suchen. Ihre Hand wird im Käfig zuerst als Eindringling bzw. Feind betrachtet und dementsprechend mit Abwehr oder Flucht bedacht. Leider haben die meisten Hamsterkäfige ihre Türen auf der Oberseite. Trotz generationenlanger Zucht in Menschenobhut bedeutet ein von oben kommender Gegenstand – also auch Ihre Hand – für einen Hamster »Angriff eines Freßfeindes«, wie zum Beispiel eines Greifvogels. Bewegen Sie sich also ganz langsam und vorsichtig und halten in der Bewegung inne, wenn der Hamster Unruhe zeigt. (Ein abwehrbereiter Hamster wirft sich übrigens auf den Rücken

Dieser schwarze Goldhamster ist in Abwehrstellung und möchte jetzt nicht angefaßt werden

und keift mit gefletschten Zähnen. Achten Sie auf diese Signale, sonst kann es sein, daß Sie gebissen werden.)
Früher oder später läßt der Hamster eine Berührung zu, wobei Sie nach und nach auch auf die Verfütterung von Leckerbissen verzichten können. Sie haben jetzt die Stufe erreicht, wo Sie vom Hamster als Kumpan akzeptiert sind. Er wird nun interessiert in Ihre Richtung schauen, wenn Sie vor den Käfig treten, und Ihnen sogar entgegenkommen.
Schritt drei ist das Hochheben des Hamsters. Den Griff am Nackenfell sollten Sie vermeiden. Er ist für den Hamster genauso unangenehm wie für ein Kaninchen das Hochheben an den Ohren. Nach einer solchen Behandlung ist das gesamte Vertrauen erst einmal weg. Ich habe oft erlebt, daß ein Goldhamster nach einem »Nakkenfellgriff« stundenlang schlechte Laune hatte und jeden Berührungsversuch mit wütenden Bissen abwehrte!
Richtiger greift man den Hamster vorsichtig um die Körpermitte, hebt ihn hoch und setzt ihn auf die Hand, die andere Hand wie ein Dach über ihn haltend. Erst bei einem völlig zahmen Hamster kann man auf das »Dach« verzichten. Zwerghamster, vor allem die winzigen Roborowskis, nimmt man aber besser nur zwischen die beiden hohlen Hände. Sie sind übrigens schwieriger an das Hochnehmen zu gewöhnen als Goldhamster, bei ihnen brauchen Sie mehr Geduld.
Völlig zahm ist der Hamster, wenn er ohne Anzeichen von Unruhe oder gar Angst auf Ihnen herumklettert und neugierig alles mögliche untersucht. Erst jetzt können Sie es wagen, ihn auch frei laufen zu lassen (siehe Seite 73).

Zähmung mit Geduld

Bei der zweiten Methode, der passiven Zähmung, verzichtet man weitgehend auf Futtergaben. Ich bevorzuge sie bei allen Tieren, die mehr Beobachtungs- als Beschäftigungszwecken dienen sollen, wende sie aber auch bei letzteren gern an. Die Methode besteht darin, daß ich die Hand völlig bewegungslos in den Käfig halte oder lege. (Es gehört noch mehr Geduld dazu als zur Zähmung durch Futter. Verschwindet nämlich das Tier im Schlafhaus, ist der Anreiz zum Wiederkommen geringer, als wenn ein Leckerbissen winkt.) Allmählich merkt der Hamster,

daß ihm von der Hand keine Gefahr droht, und er macht sich daran, sie zu untersuchen. Dabei wird er sich drunterdurchwühlen, darüberlaufen und auch schon mal zaghaft zwicken. Richtig gebissen wurde ich dabei noch nie. Die Hand bekommt für den Hamster eine neutrale, also friedliche Bedeutung. Schließlich hebe ich die Hand an, wenn er einmal daraufsitzt, oder bewege sacht die Finger. Das erschreckt ihn dann nicht mehr, er hat Vertrauen zu meiner Hand gefaßt. So zeigt er dann auch kaum Aufregung, wenn ich ihn auf der Hand aus dem Käfig hebe. Später kann ich ihn dann auch greifen.
Worin liegt nun der Vorteil dieser Methode? Ganz einfach! Im Fall der Zähmung durch Futter tritt der Hamster zunächst aus rein »materiellen« Interessen in eine Beziehung zum Pfleger. Im zweiten Fall aber bildet sich eine eher zweckfreie Kumpanei.

Trotz dieser Überlegungen bevorzugen die meisten Tierhalter die erste Methode, weil es ihnen Spaß macht, wenn der Hamster aus ihrer Hand frißt. Gerade Kinder lieben es, ihrem kleinen Freund manchen Leckerbissen zuzustecken.

Zwerghamster sollte man immer so in der Hand halten, daß man sie jederzeit sanft festhalten kann

Probleme bei der Zähmung

Etwas, was die Zähmung Ihres Hamsters sehr erschweren kann, ist der Geruch Ihrer Hände. Es gibt Menschen, die der Hamster »einfach nicht riechen kann«. Er ekelt sich vor manchen Hautcremes oder Seifen, während ein anderer Seifengeruch ihn sogar zum Beißen bringen kann! Deswegen ist auch der Hinweis mit Vorsicht zu genießen, sich nach Berührung eines anderen Tieres mit Seife zu waschen, bevor man den Hamster anfaßt. Testen Sie sorgfältig, welche Gerüche Ihr Hamster mag und welche nicht. Ich besitze zum Beispiel sehr viele Nagetiere der unterschiedlichsten Arten und greife ohne zwischenzeitliches Händewaschen in alle Terrarien und Käfige, ohne gebissen zu werden. Probleme gibt es nur, wenn ich, mit einem fremden Geruch behaftet, einem Tier Futter aus der Hand anbiete. In diesem Fall bedeutet für den Hamster die Kombination von Fremd- und Futtergeruch: Da ist ein Eindringling, der das Futter stehlen will. In diesem Fall kann er schon einmal

Mit ein bißchen Geduld wird jeder Hamster lernen, das Futter aus der Hand zu nehmen

aggressiv werden. Übrigens kann es auch vorkommen, daß der Hamster versehentlich in Ihren Finger beißt, wenn dieser zum Beispiel nach Apfel riecht. Solche Bisse gehen aber nur selten »bis aufs Blut«, der Hamster bemerkt den Irrtum sehr schnell. Abschließend möchte ich noch bemerken, daß nicht jeder Hamster gleichschnell zahm wird. Mancher hat nämlich – besonders wenn Sie ihn aus zweiter Hand bekommen haben – schon schlechte Erfahrungen mit Menschen gemacht, seine Zähmung bedarf einer wesentlich größeren Geduld. Ruhig veranlagte Tiere fassen schneller Vertrauen als temperamentvolle, was nichts mit dem Alter zu tun hat! So kaufte ich ein voll erwachsenes Goldhamster-Weibchen, das noch dazu hochträchtig war, und ein halbwüchsiges Weibchen am gleichen Tag aus zwei verschiedenen Zoohandlungen. Das trächtige Weibchen (nach Auskunft der Zoohändlerin im Geschäft herangewachsen und ungezähmt) war von der ersten Minute an völlig vertraut, praktisch handzahm. Es brachte in der nachfolgenden Nacht seine Jungen zur Welt und wurde nicht einmal während der Aufzucht bissig, was sonst auch bei den zahmsten Hamstern vorkommen kann. Die Zähmung ihrer jungen Artgenossin aber dauerte Wochen!
Leider hält sich der Irrglaube, daß erwachsene Hamster nicht mehr zahm werden, so daß diese in den Zoohandlungen ein unbefriedigendes Leben als Ladenhüter führen müssen. Gold- und Zwerghamster lassen sich bei richtiger Behandlung in jedem Alter zähmen!

Hamster aneinander gewöhnen

Haben Sie bereits einen Hamster und möchten einen zweiten hinzusetzen, dann ist größte Vorsicht geboten. Setzen Sie auf keinen Fall den Neuankömmling gleich in den Käfig des eingesessenen Tieres, es wäre sein sicheres Todesurteil! Bereiten Sie einen Käfig vor, in dem keines der beiden Tiere vorher schon einmal gesessen hat, denn so hat keiner einen »Heimvorteil«. Rammeln Sie den Käfig ruhig voll mit Ästen, Steinen und anderen Hindernissen – die Hamster müssen natürlich noch hin-

durch kommen können –, damit die beiden sich aus den Augen gehen können. Die Zusammengewöhnung darf nur unter ständiger Beobachtung, die notfalls über Stunden hinweg aufrecht erhalten werden muß, vollzogen werden! Beim ersten Anzeichen eines aufkeimenden Streites müssen die Kontrahenten sofort getrennt und in ihre jeweiligen Käfige zurückgesetzt werden, sonst gibt es ernsthafte Verletzungen.
Lassen Sie einen Tag verstreichen, ehe Sie einen neuen Versuch wagen. In Extremfällen kann sich die Zusammengewöhnung über Wochen hinziehen oder überhaupt nicht klappen.
Eine andere Methode ist das gemeinsame Laufenlassen im Zimmer. Hier haben die Hamster genug Platz, um sich aus dem Weg zu gehen und sich erst einmal aus einiger Entfernung kennenzulernen. Auch hier müssen Sie bei einem Streit eingreifen. Aber Vorsicht: Ein flüchtender Hamster sucht sich ein möglichst unzugängliches Versteck und ist nicht so schnell zum Herauskommen zu bewegen!
Bei der dritten Methode brauchen Sie einen großen Käfig mit einem Trenngitter, das so feinmaschig ist, daß die Tiere nicht hindurchbeißen können. Setzen Sie auf jede Seite einen Hamster. Lassen Sie sie ein bis zwei Tage in dem Käfig. Dann set-

Beim gemeinsamen Laufenlassen im Zimmer können sich fremde Hamster kennenlernen und – falls erforderlich – aus dem Weg gehen

zen Sie jeden Hamster um auf die jeweils andere Seite. Bei den ersten Malen werden die kleinen Nager noch aufgeregt und wütend jeden Winkel des fremden Gelasses untersuchen. Bald aber legt sich dies, und nach mehreren »Umzügen« tragen die Hamster den Ortswechsel mit Gelassenheit. Mittlerweile kennt jeder seine »Zweitwohnung« und damit auch den Geruch des Nachbarn und verbindet diesen nicht mehr mit Gefahr. Nun können Sie die Tiere versuchsweise zusammensetzen bzw. das Trenngitter entfernen. Seien Sie aber trotzdem noch auf der Hut, gegebenenfalls müssen Sie die Wechselprozedur noch einige Male wiederholen!

Die vierte Methode funktioniert nur, wenn Sie Hamster züchten. Dann können Sie nämlich ein Jungtier bei der Mutter lassen, denn das geht meistens gut. (Natürlich gibt es auch hier wieder Ausnahmen, man kann es gar nicht oft genug wiederholen.) Außer den Streifenhamstern, mit denen ich bisher Pech hatte (ich bekam stets nur Tiere aus Einzeltierzuchten), habe ich

Am einfachsten ist es bei Goldhamstern, Mutter und Tochter zusammenzulassen, denn dieses Gespann wird sich mit großer Wahrscheinlichkeit auch später vertragen

schon alle anderen Hamster zu mehreren gehalten oder halte sie noch so. Zwei Goldhamster-Männchen (Vater und Sohn) unternahmen zwar regelmäßig wilde Verfolgungsjagden durch ihr Terrarium, lebten aber ohne Beißereien zusammen. Die übrigen beiden Familienmitglieder, Mutter und Tochter im Nebenkäfig, kriegten sich zwar öfters in die Wolle, trotzdem schliefen auch sie gemeinsam in einem Nest, ein sicheres Zeichen für Harmonie. Bei meinen Zwerghamstern begann ich grundsätzlich mit einem Pärchen, bei dem ich dann ein oder mehrere Jungtiere beließ. Ich habe aber bei den Roborowskis den Eindruck, daß sie sich paarweise am wohlsten fühlen. Bei den Dsungaren halte ich ein Männchen mit einem oder zwei Weibchen. Die Campbells habe ich schon in wesentlich größeren Gruppen gehalten. So zog ein Paar seine Jungtiere auf, obwohl noch die Geschwister aus den beiden vorigen Würfen dabei waren! In der Regel halte ich jedoch ein Männchen mit zwei bis drei Weibchen zusammen. Fremde Tiere lassen sich nicht in eine solche bestehende Gruppe einfügen, sie werden nur gebissen.

Angesichts der mehrfach erwähnten Aggressivität weiblicher Campbells erscheint der Hinweis auf die Gruppenhaltung bei dieser Art merkwürdig. Die Beißlust richtet sich aber kaum gegen die Mitbewohner, die sie ja von klein auf um sich herum haben, sondern allenfalls gegen die menschliche Hand. Ärgert man ein Campbell-Weibchen, ohne daß es sich wehren kann, dann läuft es oft zu einem Artgenossen (meistens zum Männchen), um seine Wut an ihm auszulassen! Zu Beißereien kommt es jedoch dabei praktisch nie, es wird nur kräftig gekeift und gerangelt. »Blitzableiter« gibt es eben nicht nur beim Menschen!

Verschiedene Hamsterarten wie Gold- und Zwerghamster vertragen sich eigentlich nur, wenn man sie schon als Jungtiere aneinander gewöhnt hat

Die Beißlust der Campbells – hier Campbell-Albinos – richtet sich nur gegen Eindringlinge und nicht gegen Familienmitglieder

Hamster und andere Heimtiere

Im gleichen Käfig mit dem Hamster können Sie normalerweise kein artfremdes Tier halten. Es gibt seltene Ausnahmen, etwa bei Hamstern, die von einem anderen kleinen Nager, zum Beispiel einer Maus, großgezogen wurden oder die in frühester Jugend mit diesem zusammengebracht wurden. Man sollte aber keine Experimente machen, wenn man nicht ständig das ungleiche Duo beobachten kann!

Beim Freilauf darf der Hamster aber ruhig anderen Tieren begegnen.

Hunde müssen behutsam an den Hamster gewöhnt werden, sonst betrachten sie ihn leicht als Beute oder Spielobjekt. Andererseits fürchtet sich der Hamster anfangs vor den riesigen Gestalten.

Katzen sind in ihrem Verhalten gegenüber Hamstern unberechenbar. Selbst solche, die von klein auf zusammen mit einem Hamster in der Wohnung leben, können ihn später als Beute betrachten oder auch im Spiel verletzen. Zwerghamster sind dabei noch mehr gefährdet als die größeren und wehrhafteren Goldhamster.

Kaninchen sind für den Hamster meistens ungefährlich, können ihn aber über den Haufen rennen und dabei verletzen.

Auch *Meerschweinchen* sind harmlos, lassen sich aber aufgrund ihrer Wehrlosigkeit von aggressiven Hamstern leicht tyrannisieren.

Chinchillas beachten vielfach den Hamster gar nicht. Sie respektieren es normalerweise, daß er lieber in Ruhe gelassen werden möchte.

Mit Chinchilla und Goldhamster kommen zwei regelrechte Lausbuben zusammen, die nichts als Unsinn im Kopf zu haben scheinen

Meine zahmen *Ratten* hegten gegenüber meinen Goldhamstern keine Abneigung. Beide Arten untersuchten sich gegenseitig ausgiebig und gingen dann wieder ihres Weges. Eine einzeln gehaltene Ratte aber, die jedes andere Lebewesen als möglichen Spielpartner ansah, ging den Hamstern mit ihrer Anhänglichkeit und Aufdringlichkeit auf die Nerven. Sie versuchte immer wieder, den Hamster von hinten zu umklammern und von oben bis unten abzulecken. Anfangs ließ sich der Hamster das gefallen, aber dann wurde er zunehmend ärgerlicher, so daß ich die Tiere wieder trennen mußte.

Mäuse und *Rennmäuse* können von Goldhamstern als Beute betrachtet und getötet werden! Umgekehrt können Rennmäuse auch einen jungen Goldhamster oder

einen erwachsenen Zwerghamster umbringen. Also keine Versuche!
Falls Sie einen *Igel* über den Winter bringen, sorgen Sie dafür, daß er nicht mit dem Hamster zusammenkommen kann! Er würde den kleinen Nager unter Umständen als Maus und damit als Bereicherung seines Speisezettels betrachten. Frisch aufgelesene Igel beherbergen außerdem eine Unmenge von Ungeziefer, das auch auf den Hamster übertragbar ist.
Papageien können aufgrund ihrer großen Neugier einen Hamster mit ihrem starken Schnabel schwer verletzen oder sogar töten, ohne es zu wollen. Sogar die kleinen Unzertrennlichen sind dazu in der Lage.
Lediglich *Wellensittiche* sind in der Regel friedlich. Passen Sie aber auf, daß ein freifliegender Wellensittich nicht in den offenen Hamsterkäfig gerät, wenn der Hamster zu Hause ist. Hier ist ihm eine schnelle Flucht unmöglich, und der Hamster kann

Goldhamster und Ratte können gute Freunde werden

sich schon einmal an einem unvorsichtigen und arglosen Vogel vergreifen und ihn töten!
Das gilt natürlich erst recht für andere kleine Exoten wie *Zebrafinken, Kanarienvögel* und andere.
Hingegen ist ein *Beo* aufmerksam zu beobachten. Kleine Hamster könnten sonst in seinem Schnabel landen!
Landschildkröten bilden keine Gefahr für den Hamster, der hingegen kann ihnen aus Neugier schon einmal die Haut anknabbern.
Mit allen exotischen *Terrarientieren* sollte der Hamster nicht in direkten Kontakt kommen, das geht für eine von beiden Seiten mit Sicherheit schlecht aus.
Falls Sie *Fische* oder *Wasserschildkröten* pflegen, müssen Sie darauf achten, daß die Aquarien gut abgedeckt sind, wenn Sie Ihren Hamster frei laufen lassen. Speziell Gold- und Streifenhamster sind nämlich wahre Meister im Klettern und können leicht in ein ungesichertes Becken fallen und ertrinken.
Nicht vergessen möchte ich schließlich die immer beliebteren *Streifenhörnchen*. Sie tummeln sich beim Freilauf im Zimmer zumeist in höheren Regionen und kommen dem etwa gleich großen Goldhamster kaum ins Gehege. Zwerghamster würde ich jedoch nicht mit ihnen zusammen laufen lassen, denn auch Hörnchen sind keine reinen Vegetarier und schätzen ab und zu Kleintiere als Auflockerung ihres Speisezettels.

Das Leben mit dem Hamster

Körperpflege und ein bißchen Hausarbeit

Seine Körperpflege betreibt der Hamster selbst, und zwar besser, als wenn wir es machen würden. Hamster dürfen nicht gebadet werden, sie können dabei durch Wasserschlucken, Unterkühlung oder einfach durch die Aufregung empfindlich Schaden nehmen! Schließlich kommen sie aus trockenen Gegenden und sind das Baden nicht gewohnt.

Schwierigkeiten mit der Fellreinigung haben lediglich die langhaarigen Teddyhamster. Je länger das Fell, desto mehr stellt es den Hamster vor Probleme! Ihnen sollten wir daher zu Hilfe kommen. Suchen Sie täglich das Teddyfell nach Einstreu-, Futter- oder gar Kotresten ab, die sich im Fell verfilzt haben können. Alle paar Tage können Sie mit einem grobzinkigen, stumpfen Kamm das Fell behutsam kämmen. Versuchen Sie aber nicht, Fellknoten durch kräftiges Ziehen mit dem Kamm zu lösen, das kann den Hamster verletzen. Schneiden Sie Knoten vorsichtig mit einer kleinen, stumpfen Schere heraus, und seien Sie auf der Hut, falls sich der Hamster plötzlich bewegt.

Für seine Körperpflege braucht der Hamster keine Hilfe

Für die Abnutzung der Nagezähne sorgen Sie durch Anbieten von hartem Brot, Ästen oder anderen Knabbersachen (siehe Seite 49).
Zu lang gewachsene Krallen kommen beim Hamster im Gegensatz zu vielen anderen Heimtieren äußerst selten vor, da er viel scharrt und seine Krallen sich dadurch auf natürliche Art abnutzen.
Für die weitere Versorgung des Hamsters können Sie sich nach dem folgenden Plan richten.

Tägliche Arbeiten

- Säuberung der Klo-Ecke, indem verschmutzte Einstreu entfernt und durch frische ersetzt wird (bei Zwerghamstern ist in der Regel die Reinigung zweimal wöchentlich ausreichend.)
- Trinkwasserwechsel
- Heraussammeln der Grünfutterreste vom Vorabend (auch aus dem Schlafhaus)
- Fütterung mit frischem Grünfutter (vorzugsweise abends)
- Fütterung mit Körnerfutter (soweit notwendig – Hamstervorrat beachten)
- Kontrolle und – wenn nötig – Reinigung des Schlafkastens (Nistmaterial durch Futterreste oder Exkremente angefeuchtet? Menge des Futtervorrates?)
- Auslauf im Zimmer oder auf dem »Hamsterspielplatz« (Nur bei völlig zahmen Goldhamstern, die einen kleinen Käfig bewohnen. Hamster in abwechslungsreich eingerichteten Käfigen müssen nicht täglich herausgelassen werden.)
- Überprüfung des Gesundheitszustandes des Hamsters

Wöchentliche Arbeiten

- Auswechseln der gesamten Einstreu
- Gründliche Reinigung des gesamten Käfigs inklusive Gitterstäbe oder Scheiben. (Achtung, nur sanfte, ungiftige Reiniger benutzen und gründlich nachspülen, da sonst Vergiftungsgefahr besteht. Auch Reiniger mit scharfem, ätzendem Geruch sollten nicht eingesetzt werden, da die Gefahr einer Verätzung der empfindlichen Nasenschleimhaut der Hamster besteht. Gut bewährt hat sich zur Bekämpfung von Uringeruch das Reinigen mit Essig. Handelsübliche Sprays zu diesem Zweck sind nach meiner Erfahrung in der Regel nicht empfehlenswert.)
- Auswechseln des Nistmaterials
- Gründliche Reinigung von Futter- und Wassergefäßen
- Auswechseln von Kletter- und Nageästen sowie Papproöhren

Sind Jungtiere vorhanden, entfällt in den ersten beiden Wochen die Käfigsäuberung.
Die täglichen Pflegearbeiten (Auslauf einmal ausgeschlossen) nehmen nicht mehr als eine Viertelstunde in Anspruch. Die wöchentlichen Arbeiten verlangen etwa eine halbe bis höchstens eine Stunde Zeit. Hamster sind also ausgesprochen pflegeleichte Heimtiere! Trotzdem sollten Sie gerade die Käfigreinigung nicht vernachlässigen! Nicht nur Ihrer eigenen Nase zuliebe, sondern auch wegen der Gesundheit Ihres Hamsters. Ein feuchter und verdreckter Käfig ist nämlich eine Brutstätte für alle möglichen Krankheitskeime.

Kein Platz für Langeweile

Hamster sind neugierig und verspielt. Sie müssen nicht unbedingt Freilauf haben, doch sollten sie dann wenigstens im Käfig abwechslungsreich beschäftigt werden: Goldhamster durch entsprechende Käfigeinrichtung, Zwerghamster ebenso oder durch Paarhaltung.
Die einfachste Art der Beschäftigung ist die Fütterung. Dazu wurden im Kapitel über die Ernährung (siehe Seite 46 ff.) schon Anregungen gegeben. Im Käfig verstreutes Futter oder ein frisches Grasbüschel bieten dem Hamster eine lange, interessante Tätigkeit. Dem Nagebedürfnis dienen frische Äste und Zweige.

Nistmaterial sollte dem Hamster nicht gleich in sein Schlafhaus gelegt werden, denn damit entgeht ihm und auch Ihnen eine geschäftige Sammelei.
Leere Toiletten- und Küchenpapierrollen können zernagt und als Schlupfröhren verwendet werden und bieten allerlei Kurzweil.

Der Hamsterspielplatz

Daß Hamster gern klettern und im Laufrad joggen, wurde schon mehrfach erwähnt. Nicht jeder Käfig oder jedes Terrarium ist so groß, daß man all diese Dinge darin unterbringen kann. Geschickten Bastlern sei daher der Bau eines Hamsterspielplatzes außerhalb des Käfigs empfohlen. Dieser sollte zweckmäßigerweise auf einem kleinen Tisch mit Umrandung sei-

Leere Toilettenpapierrollen sollten Sie nicht wegwerfen, denn sie sind für den Hamster Beschäftigung und Unterschlupf zugleich

Eine leere Kokosnußschale ist eine hübsche Höhle für einen Zwerghamster

Hamster sind neugierig und untersuchen beim Freilauf gern jede »Höhle«

nen Platz finden. Ob man den Spielplatz mit natürlichen Elementen wie Steinen und Ästen ausstattet oder wie einen Miniatur-Kinderspielplatz mit Klettergerüsten und Rutsche, ist dem Hamster ziemlich gleichgültig und somit Ihrem persönlichen Geschmack überlassen. Zwei Dinge sollten jedoch vorhanden sein:

1. Ein Laufrad
2. Ein »Sandkasten«, also ein Gefäß mit Sand oder Einstreu zum Buddeln

Auslauf im Zimmer

Besonders aufregend ist für den Hamster natürlich der Auslauf im Zimmer. Dabei sind aber mögliche Gefährdungen zu beachten, beziehungsweise zu vermeiden. Außerdem sollte man lediglich Goldhamstern, nicht aber Zwerghamstern Freilauf gestatten, dabei aber nur völlig zahmen Tieren, denn sonst wird das Wiedereinfangen schwierig. Türen und für den Hamster erreichbare Fenster (er klettert!) müssen verschlossen sein. Aus verschiedenen Gründen ist die Küche der ungeeignetste Ort zum Laufenlassen, Wohn- oder Kinderzimmer sind da wesentlich besser. Ein äußerst beliebter Tummelplatz für einen handzahmen Hamster sind Sie selbst. Setzen oder legen Sie sich ruhig hin und erfreuen Sie sich daran, wie der kleine Wicht auf Ihnen herumklettert, alles genau untersucht und in die Taschen schlüpft. Speziell die ungezählten Gerüche, die sich in der menschlichen Kleidung festsetzen, sind für den Hamster unheimlich interessant (wenn es nicht gerade Zigaretten- oder Zigarrenrauch oder Bratfett sind). Vorsicht, wenn Sie kitzelig sind und Ihnen der Hamster ins Hosenbein kriecht, denn mit Strampelbewegungen können Sie ihn erheblich verletzen! Beißen Sie also auf die Zähne, auch wenn's schwerfällt. Er kommt schon wieder heraus!

Mit dem Hamster spielen?

Ich vermeide weitestgehend den Ausdruck »sich mit dem Hamster beschäftigen«. Alle vorgeschlagenen Möglichkeiten dienen in erster Linie der Unterhaltung des Hamsters und erst in zweiter Ihrer eigenen! Der Hamster als Einzelgänger macht nämlich nur das gern, was er selbst in die Wege leitet, Sie als sein Kumpan sind dabei in seinen Augen nur »Gesellschafter«. Erfreuen Sie sich also an dem, was der Hamster Ihnen bietet, und nötigen Sie ihn nicht zu Aktivitäten, die er nicht will. Machen Sie das auch Ihren Kindern klar. Die Kleinen dürfen den Hamster nämlich nicht in die bei Kindern so beliebten Rollenspiele drängen, in denen der kleine Nager mal »Hund«, mal »Baby« und mal »Teddy« sein muß. Sagen Sie den Kindern ruhig, daß der Hamster beißt, wenn ihm das Spiel nicht paßt. Ein Hamster ist zwar ein Heimtier, aber deswegen noch lange kein Spielzeug.

Gefahren beim Freilauf

Fast alle Bedrohungen für Gesundheit und Leben des Hamsters treten außerhalb seines Käfigs auf, meistens also beim Freilauf im Zimmer. Ich bin deshalb dafür, Zwerghamster überhaupt nicht frei laufen zu lassen, sondern ihnen lieber einen großen Käfig zu geben. Gerade diesen Winzlingen drohen nämlich in einer menschlichen Behausung unzählige Gefahren, und es ist keine leichte Aufgabe, sie zu beaufsichtigen. Außerdem verdirbt es den Hamstern schnell den Spaß am Freilauf, wenn sie ständig am Nagen, sich Verstecken und Klettern gehindert werden. Aus dem geplanten Spaß wird so schnell Streß für Hamster und Besitzer.

Dsungarische, Campbell- und Roborowski-Zwerghamster haben als spezialisierte Bodenbewohner zudem kein Gefühl für Tiefe. Wenn sie auf der Hand oder auf dem Tisch sitzen, kann es leicht passieren, daß sie in Unkenntnis der Gefahr über den Rand laufen und abstürzen. Streifen- und Goldhamstern passiert das dagegen äußerst selten, sie sind von Natur aus ans Klettern gewöhnt.

Zwerghamster können sich blitzschnell in der kleinsten Ritze auf Nimmerwiedersehen verkriechen. Deshalb sollte man ihnen besser keinen Freilauf gewähren

Die Gefahr, daß der Hamster abstürzt, ist immer gegeben, denn die kleinen Kletterkünstler kommen praktisch überall hin

Auf jeden Fall sollte man Hamster beim Freilauf nie unbeaufsichtigt lassen. Im folgenden werden die notwendigen Vorsichtsmaßregeln im einzelnen dargestellt. Die erste Gefahr ist die des Eingeklemmt- oder Eingeschlossenwerdens. Wohnungs- und Schranktüren sollten deshalb verschlossen sein, wenn der Hamster Auslauf hat. Vorsicht auch beim Betreten und Verlassen eines Raumes! Nur zu leicht wird der Hamster übersehen und beim Schließen der Tür eingequetscht, was er kaum überlebt. In Schränken schließt man ihn leicht versehentlich ein.

Auch Schubladen müssen geschlossen sein. So mancher Hamster ist schon »spurlos verschwunden« und wurde nach einiger Zeit in einem Schubfach erstickt oder verhungert wiedergefunden.

Aufpassen muß man auch, daß man nicht auf den Hamster tritt. Zahme Hamster wuseln gern um die Füße ihrer Pfleger herum. Falls Sie den Hamster also gerade nicht sehen, bewegen Sie sich vorsichtig, um ihn nicht versehentlich totzutreten.

Gefahren drohen ihnen auch von Kabeln und Leitungen. Hamster sind nämlich sehr neugierig und nagelustig. Steckdosen und Kabel müssen unerreichbar sein, sonst nagen sie die Kabel an und sterben an einem elektrischen Schlag.

Nicht ungefährlich sind auch die Kletterkünste der kleinen Nager. Gerade Gold- und Streifenhamster sind hervorragende Kletterer. Es ist für sie kein Problem, auch auf die höchsten Schränke zu gelangen. Zu diesem Zweck kriechen sie hinter das Möbelstück, stemmen den Rücken dagegen und krallen sich in der Tapete fest, sie sind also richtige »Kaminkletterer«. Hinunter gehen sie allerdings nicht auf diesem Weg, sondern lassen sich einfach fallen, wobei sie sich zumeist tödlich verletzen. Besonders sportliche Hamster können sogar ohne »Rückenstütze« an Textiltapeten emporklimmen! Auch Gardinen bilden keine Schwierigkeit für sie. Jeder Sturz aus einer Höhe über einem Meter ist für einen Goldhamster lebensgefährlich, bei Zwerghamstern sind es sogar nur 60 Zentimeter. Wenn möglich, hindern Sie Ihren Hamster ganz an solchen gefährlichen Kletterpartien oder – wenn das nicht gelingt – befreien Sie ihn umgehend aus seiner gefährlichen Lage.

Beim Klettern droht dem Hamster neben dem Absturz auch noch eine weitere Gefahr. Er kann versehentlich in eine Vase, ein Aquarium oder einen gefüllten Eimer fallen und jämmerlich ertrinken. Achten Sie also darauf, daß das Aquarium gut abgedeckt ist und auch sonst keine mit Wasser gefüllten Gefäße herumstehen.

Aufgrund seiner Neugier und Nagelust besteht bei freilaufenden Hamstern auch

Vergiftungsgefahr. Reinigungschemikalien müssen deshalb nicht nur kinder-, sondern auch hamstersicher aufbewahrt werden, desgleichen Medikamente. Blei und Zink (Installationsrohre!) sind ebenso giftig wie manche Zimmerpflanzen (zum Beispiel Dieffenbachien).
Haben Sie lieber grundsätzlich ein Auge auf den freilaufenden Hamster, damit er nichts annagt. Nur Papier, Textilien, unbehandeltes Holz und natürlich Nahrungsmittel sind für den Hamster ungefährlich. Wenn man nicht aufpaßt, kann sich der Hamster beim Freilauf auch Verbrennungen zuziehen. Bei seinen Klettertouren kann er unbemerkt auf Herde, Bügelbretter, Lampen oder Heizkörper gelangen und sich dabei lebensgefährliche Brandwunden zuziehen.

Höhere Vasen können für den Hamster zu tödlichen Fallen werden, da er ohne Hilfe nicht wieder herauskommt

Viele unserer Zimmerpflanzen sind für den Hamster giftig. Achten Sie also darauf, daß er nichts anknabbert

Alle Spalten haben für den Hamster eine geradezu magische Anziehungskraft. Meistens versucht er, sie durch Nagen und Scharren zu einem Gang zu erweitern. An glatten Möbeln scheitert dieses Vorhaben meistens. Ist der Spalt, in den er sich geklemmt hat, sehr eng, sitzt er unter Umständen fest und kann ohne Hilfe nicht mehr heraus.
Passiert dies hinter einer großen Schrankwand, kommt oft jede Hilfe durch Möbelrücken zu spät. Ganz davon abgesehen, daß man den Hamster natürlich dabei auch gefährdet, wenn man seinen genauen Aufenthaltsort nicht kennt. Übrigens kann der Hamster natürlich auch unter den Kufen eines wippenden Schaukelstuhls totgequetscht werden!
Die Fenster sollten – wie Schränke und Schubladen auch – geschlossen sein, denn in geöffneten Kippfenstern kann sich ein Hamster ebenfalls einklemmen.
Auch Stich- und Schnittverletzungen kann sich der Hamster beim Freilauf zuziehen. An einer herumliegenden Schere wird er

sich normalerweise kaum verletzen. Anders ist es, wenn er bei einem Sturz darauf landet! Nähkörbe gehören daher nicht in die Nähe, wenn der Hamster Auslauf hat. Vorsicht auch bei Kakteen und anderen stacheligen Pflanzen!
Wegen seiner Kleinheit und der Vertrautheit mit dem Menschen besteht bei zahmen Hamstern auch immer die Gefahr, daß sie erdrückt werden. Wenn sich Ihr Hamster gern auf dem Sofa oder in Ihrer Kleidung tummelt, denken Sie beim Hinsetzen oder Verändern Ihrer Sitzhaltung an ihn! Greifen Sie auch beim Einfangen nicht zu fest zu, auch wenn Sie durch längere Einfangversuche schon etwas »genervt« sind. Machen Sie auch Ihren Kindern klar, daß sie den Hamster nicht wie ein Plüschtier knuddeln können. Ein friedlicher Hamster wehrt sich nämlich nicht einmal dagegen, obwohl hier vielleicht ein Biß das richtige Mittel wäre, um das Kind an das zerbrechliche Leben in seinen Händen zu erinnern.
Gefahren können dem Hamster auch von anderen Heimtieren drohen. Besonders Katzen sollten nie allein mit einem freilaufenden Hamster bleiben.
Besondere Beachtung verdienen außerdem fremde, also Besuchertiere. Selbst wenn Ihr Hund Ihrem Hamster nichts tut, gilt das noch lange nicht für jeden Hund! Einem Hamster Freilauf zu gewähren ist also nicht ganz unproblematisch. Besonders kleinere Kinder sollten es nie ohne die Hilfe Erwachsener tun.

Hamster verkriechen sich gerne unter Decken und Kissen, so daß man immer darauf achten muß, den Kleinen nicht versehentlich zu zerquetschen

Spurlos verschwunden?

Auch bei größter Vorsorge kann es passieren, daß sich der Hamster einmal selbständig macht; sei es, daß er aus seinem Käfig ausbricht oder beim Auslauf einen unbewachten Moment nutzt.

Suchen Sie als erstes mit der Taschenlampe alle Spalten ab. Hamster meiden meistens freie Flächen, sie laufen am liebsten an der Wand und an den Möbeln entlang, also werden sie sich auch dort bevorzugt verstecken. Ist der Hamster gerade erst verschwunden, bewegen Sie sich vorsichtig, um ihn nicht versehentlich zu treten. Ist er hingegen in der Nacht aus seinem Käfig ausgebüchst, werden Sie sein Fehlen normalerweise erst am Morgen bemerken, dann aber schläft der Hamster in irgendeinem Versteck.

Falls der Hamster nur in einem Raum sein kann, schließen Sie Türen und Fenster sorgfältig und suchen Sie das Zimmer systematisch ab. Sind Schranktüren oder Schubladen offen, steht auf dem Boden eine für den Hamster erreichbare Vase, in die er gefallen sein könnte? Drehen Sie Polstermöbel vorsichtig um, denn manche haben auf der Unterseite verlockende Öffnungen. Werfen Sie ruhig auch einen Blick auf die Gardinen. Ein Hamster kann daran bis unter die Gardinenleiste emporklettern, wenn er sich verfolgt wähnt! Wenn Sie Möbel von den Wänden rücken müssen, denken Sie daran, daß Sie den Hamster beim Verkanten oder Kippen einklemmen können. Hält sich der Hamster eindeutig in einem bestimmten Teil des Raumes auf, riegeln Sie diesen mit Brettern, Tabletts, Kisten oder anderen Hilfsmitteln so ab, daß der Hamster die Ecke nicht mehr verlassen kann. Hilft alles nichts, dann stellen Sie den Hamsterkäfig vor das Versteck. Der Geruch des vertrauten Heimes wird den Ausbrecher verführen und bald hervorlocken.

Schwieriger ist es, wenn der Aufenthaltsort des Flüchtlings unbekannt ist. Seien Sie unbesorgt: Verhungern wird der Hamster kaum, auch wenn er mehrere Tage frei herumläuft. Es ist erstaunlich, wie viele Dinge in einem menschlichen Haushalt einem kleinen Nager zur Ernährung dienen können! Nehmen Sie sich also ruhig Zeit bei der Suche. Legen Sie bei geschlossenen Türen über Nacht in jedem Raum ein Stück Apfel an eine Wand. Am näch-

Offenstehende Türen und Schubladen haben eine unwiderstehliche Anziehungskraft für Hamster

sten Morgen können Sie feststellen, welches Stück angenagt oder verschwunden ist. Das zeigt, in welchem Zimmer der Hamster sich befindet.
Gehen Sie dann wie oben beschrieben vor. Stellen Sie aber nicht den offenen Käfig auf, wenn Sie ihn nicht ständig beobachten können! Sonst kann es passieren, daß der Hamster regelrecht umzieht, indem er Nistmaterial und sogar Futtervorräte aus dem Käfig holt und sich andernorts häuslich niederläßt.
Entkommene Hamster haben schon Schaden angerichtet, indem sie in Schränke oder Schubladen und in Akten- und Bücherschränke eingedrungen sind und sich aus dem vorhandenen Material Nester gebaut haben. Sichern Sie also derartige Dinge, wenn Sie nicht genau wissen, wo der Hamster ist.
Schafft es der Hamster, ins Freie zu entkommen oder entläuft er Ihren Kindern im Garten, ist leider meistens jede Suche erfolglos. Zu viele Versteckmöglichkeiten gibt es dort, außerdem kann er sich innerhalb weniger Minuten völlig eingraben oder in einem Wühlmaus- oder Maulwurfsgang verschwinden.
Übrigens: Auch wenn Ihr Hamster es gelernt hat, auf seinen Namen zu hören (die wenigsten lernen das), nützt das Rufen wenig, egal ob drinnen oder draußen. Der Hamster ist so beschäftigt mit einer Mischung aus Angst vor der fremden Umgebung und Neugier wegen der vielen neuen Eindrücke, daß er Ihre Rufe gar nicht hört.
Wenn Sie Ihren kleinen Hausgenossen wieder glücklich zurückbekommen haben, dürfen Sie ihn auf keinen Fall bestrafen, das würde er nicht verstehen. Er ist schließlich nur seinem Naturell gefolgt. Der Fehler liegt bei Ihnen, denn Sie waren unaufmerksam!

Urlaubstips

Um es vorwegzunehmen: Sie tun dem Hamster keinen Gefallen, wenn Sie ihn mit in den Urlaub nehmen. »Erholen« kann sich ein Tier nämlich nur in heimischer Umgebung, und die hört nicht am Käfiggitter auf! Im Idealfall sollte der Hamster daher in der Wohnung bleiben und von einer Pflegeperson betreut werden. Da der Hamster ein sehr pflegeleichtes Heimtier ist, dauert seine Versorgung ja nicht lange. Oftmals findet sich aber leider keine derartige Urlaubspflege. Viele Nachbarn gießen lieber dreimal wöchentlich 250 Zimmerpflanzen, ehe sie nur ein einziges Tier versorgen! Man muß das allerdings auch verstehen: Stirbt das Tier in dieser Zeit, fällt der Verdacht sofort auf falsche Pflege. Eine eingegangene Pflanze ruft nicht so viele Gewissensbisse hervor.
Wenn Sie Ihren Hausgenossen nicht in den Urlaub mitnehmen können und niemand haben, der die Urlaubspflege übernimmt, fragen Sie in Zoohandlungen oder im Tierheim nach der Möglichkeit einer

Urlaubspension. Die Kosten hierfür sind niedrig. Kommen Sie bloß nicht auf die Idee, den Hamster auszusetzen und sich nach dem Urlaub einen neuen zu kaufen! Das bedeutet den sicheren Tod Ihres Heimtieres und zeugt von erheblicher Gedankenlosigkeit.
Sehr einfach ist es, wenn Sie nur über das Wochenende wegfahren wollen. Zwei bis drei Tage kann der Hamster nämlich durchaus alleingelassen werden. Geben Sie ihm reichlich Futter und ein großes Gemüsestück, das genügend Feuchtigkeit enthält und nicht schnell verdirbt, zum Beispiel eine halbe Steckrübe. Zur Not tut es auch ein Trinkwasservorrat, doch ist dieser schon nach einem Tag abgestanden. Daß die Klo-Ecke dann einmal drei Tage nicht gesäubert wird, stört den Hamster nicht so sehr, sondern höchstens Ihre Nase bei der Rückkehr.
Falls Sie Ihren Hamster doch mit in den Urlaub nehmen wollen, gibt es ein paar Dinge zu beachten. Bei Fahrten ins Ausland müssen Sie sich vorher erkundigen, ob Sie den Hamster überhaupt mitnehmen dürfen. Egal ob In- oder Ausland, fragen Sie auf jeden Fall in Ihrem Hotel oder der Pension an, ob der Hamster geduldet wird! Manches Zimmermädchen erstattet schon Bericht, wenn es die »Maus« entdeckt, und das kann Ärger geben.
Nehmen Sie den Hamster auf jeden Fall in seinem gewohnten Käfig mit auf die Reise. Falls Sie das Tier in einem Terrarium halten, dessen Transport ja problematischer ist, sollten Sie sich zwei Wochen vor Urlaubsantritt einen besser transportablen Gitterkäfig kaufen oder ausleihen und den Hamster in diesen umsetzen. Wenn Sie dann abfahren, hat sich der Hamster umgewöhnt. Für drei bis vier Wochen schadet dem Hamster ein kleinerer Käfig als sein gewohnter nicht.
Nehmen Sie während der Fahrt Futter- und Wassergefäß heraus; der Hamster würde des Geruckels wegen ohnehin nicht daran interessiert sein. Bei jeder Pause sollten Sie aber testen, ob er vielleicht Hunger oder Durst hat.
Denken Sie daran, daß der Hamsterkäfig auch im Auto weder direkte Sonne noch Zugluft abbekommen darf! Wenn Sie Ihr Ziel erreicht haben, lassen Sie den Hamster einen Tag lang völlig in Ruhe. Er muß erst seine neue Umgebung kennenlernen. Auch nach der Rückkehr sollten Sie ihm einen Tag Pause gönnen.

Wenn Sie Ihren Hamster mit in den Urlaub nehmen wollen, gewöhnen Sie ihn rechtzeitig an seinen Transportkäfig, damit er keine Angst bekommt

So bleibt Ihr Hamster gesund

Es gibt Hamsterbücher, in denen das Kapitel über die Krankheiten länger ist als das über Haltung und Fütterung. Dadurch entsteht der Eindruck, als wäre man bei der Hamsterpflege pausenlos mit der Bekämpfung von Krankheiten beschäftigt. Das stimmt natürlich nicht! Krankheiten entstehen hauptsächlich durch Haltungsfehler, vor allem durch falsche oder einseitige Ernährung. Daher sollte man diesen Gebieten weitaus mehr Platz widmen. Denn gerade für so kleine Tiere wie Hamster gilt der Grundsatz: Vorbeugen ist besser als heilen.

Ein weiterer Faktor, der die Anfälligkeit für Krankheiten steigert, ist Streß. Dieser ist nicht nur unter berufstätigen Menschen weit verbreitet, sondern neben der schon erwähnten falschen Ernährung die wohl häufigste Todesursache für Hamster!

Streß kann auf unterschiedlichste Weise ausgelöst werden: durch Zusammensetzen mit einem oder mehreren anderen Hamstern, durch übermäßigen Lärm (auch Stereoanlagen!), durch Jagen beim Einfangen, durch häufiges Wecken am Tage und durch spielende Kinder! Wenn der Hamster nämlich zum fünfzehnten Mal in das Spielzeugauto gesetzt wird, wo er partout nicht sitzenbleiben will, ist das ebenfalls Streß. So grob es jetzt klingt: Ein paar Bisse zur rechten Zeit haben noch keinem Kind geschadet. Nur so lernt es, daß der Hamster keine Sache ist, sondern ein lebendiges Wesen.

Wenn Sie diese beiden Dinge beachten und Verletzungen beim Freilauf (siehe Seite 73) ausschließen, werden Sie vermutlich keine Gesundheitsprobleme mit Ihrem Hamster haben.

Alte Hamster

Auch ein optimal versorgter und gepflegter Hamster wird einmal alt. Altersschwache Hamster verlieren Haare, magern ab, werden steifbeinig und bucklig. Sie bewegen sich nur noch langsam und werden am liebsten in Ruhe gelassen. Viele alte Hamster erblinden. Da sie sich aber mit Tast- und Geruchssinn gut orientieren können, behindert es sie nicht weiter. Man darf sie nur nicht in fremde Umgebung setzen, am besten läßt man sie ständig in ihrem gewohnten Käfig.

Alte Hamster bekommen ein struppiges Fell und einen buckeligen Rücken. Außerdem nimmt ihre Bewegungslust merklich ab

Erste Hilfe im Krankheitsfall

Haben Sie allerdings den Eindruck, daß Ihr Hamster krank ist, doktern Sie nicht mit diversen Hausmitteln an ihm herum, sondern gehen Sie zum Tierarzt.
Leider geben viele Tierärzte beim Anblick eines kranken Hamsters nur noch den Rat, das Tier einschläfern zu lassen. Suchen Sie notfalls einen zweiten und dritten auf, vielleicht macht es sich einer davon nicht so einfach. Natürlich kann die ärztliche Behandlung den Kaufpreis des Hamsters weit übersteigen, deswegen sollte man ihn aber nicht gleich töten lassen. Drei Packungen Hamsterfutter sind ja auch teurer als der Hamster selbst, aber würde Sie das davon abhalten, zu füttern?
Für alle Krankheiten oder Verletzungen gilt: Lassen Sie den Hamster in Ruhe, nehmen Sie ihn nicht zum Streicheln oder Laufenlassen heraus und bringen Sie ihn umgehend samt seinem Schlafhaus zum Tierarzt. Nachfolgend gehe ich auf die häufigsten Krankheiten und Unfallfolgen in alphabetischer Reihenfolge ein:

Abgebrochene Zähne
Nagetierzähne wachsen zeitlebens, abgebrochene erreichen bald wieder ihre Originallänge. Achten Sie auf nicht zu harte Nahrung, wenn Ihr Hamster sich die Zähne beschädigt hat! Lassen Sie den Tierarzt prüfen, ob eine Kieferverformung (zum Beispiel durch Sturz) vorliegt. In diesem Fall können die Zähne nämlich schief nachwachsen und sich nicht mehr an ihren Gegenstücken abschleifen. Sie wachsen dann überlang aus dem Maul und be- oder verhindern die Nahrungsaufnahme.

Bißwunden
Hamster sind zähe Burschen, bei denen auch erstaunlich starke Verletzungen ohne Behandlung abheilen können, trotzdem ist es besser, eine größere Bißwunde ärztlich versorgen zu lassen.

Durchfall
Das ist die weitaus häufigste Krankheit und bei Nichtbeachtung auch die häufigste Todesursache von Hamstern. Hervorgerufen wird Durchfall durch Unterkühlung, feuchte bis nasse Käfigeinstreu, schmutziges Trinkwasser und verdorbenes oder falsches Futter. Der Kot riecht bei Durchfall stark und unangenehm, ist schmierig oder sogar flüssig und verklebt die Afterregion.
Geben Sie dem Tier kein Grünfutter, dafür aber ungezuckerten Kamillentee zu trinken. Knäckebrot und gekochter, aber gut getrockneter Reis sind gute Gegenmittel.

Erblindung
Sie tritt in der Regel nur bei greisenhaften Hamstern auf und ist nicht heilbar. Der Hamster findet sich aber mit Geruchs- und Tastsinn sehr gut zurecht und kann mit der Behinderung leben.

Erkältungen
Zugluft, Feuchtigkeit, zu kalte und zu warme Haltung (trockene Heizungsluft im Winter!) machen den Hamster anfällig für Erkältungskrankheiten. Er sträubt dann das Fell, ist appetitlos, läßt die Augen geschlossen und sondert aus diesen und aus der Nase Ausfluß ab. Halten Sie den Hamster vor allem warm (20–23° C), bis Sie zum Tierarzt gehen.

Geschwulste
Auch diese sind meistens eine Alterserscheinung. Gut- oder Bösartigkeit lassen sich schwer erkennen, in jedem Fall ist der Hamster bei großen Tumoren in seinen Bewegungen eingeschränkt. Hier ist der sanfte Tod durch Einschläfern die beste Lösung für das Tier.

Hautkrankheiten
Sie werden durch unsaubere Haltung hervorgerufen. Der Hamster verliert Haare, kratzt sich häufig und bekommt vielleicht auch eine schuppige oder borkige Haut. Vorsicht, einige Hautpilze sind auf den Menschen übertragbar! Ab zum Tierarzt!

Hirnhautentzündung
Das ist eine »Kinderkrankheit« der Goldhamster, die nur bei Tieren, die jünger als vier Monate sind, vorkommen kann. Sie bewirkt Apathie, verzögertes Wachstum und ein struppiges Fell, führt aber selten zum Tod. Diese Art der Hirnhautentzündung ist auch auf den Menschen übertragbar. Normalerweise ist sie ungefährlich, doch bei schwangeren Frauen besteht die Gefahr einer Mißbildung des ungeborenen Kindes! Goldhamster, die älter als vier Monate sind, und Zwerghamster erkranken nicht an Hirnhautentzündung. Die meisten Zoohändler bieten nur Hamster aus Zuchten an, in denen diese Krankheit nicht vorkommt.

Innere Verletzungen
Stürze oder Einklemmen sind die Ursache. Auch hier können Sie nicht selbst helfen! Erkennbar sind innere Verletzungen nur durch unsichere Bewegungen des Hamsters nach dem Unfall, durch Schwierigkeiten beim Aufstehen oder Gleichgewichtsstörungen.

Knochenbrüche
Meistens durch Stürze oder zu kräftiges Anfassen hervorgerufen. Keine Selbsthilfe versuchen, sondern zum Tierarzt gehen.

Mangelerscheinungen
Auch sie äußern sich durch Haarausfall, Apathie und verzögertes Wachstum. Grund ist einseitige oder falsche Ernährung. Abwechslungs- und vitaminreiche Fütterung bringen den Hamster wieder auf die Beine.

Ungeziefer
Parasiten treten bei sauberer Haltung kaum auf. Kommt es doch vor – Anzeichen sind, daß der Hamster sich auffallend häufig kratzt –, helfen Ungeziefermittel aus der Zoohandlung.

Wet tail disease (Nasser Schwanz)
Diese Krankheit ähnelt in ihren Symptomen dem Durchfall, wird aber vor allem durch Streß hervorgerufen und endet noch schneller tödlich. Der Hamster wird zunehmend apathisch, bewegt sich langsam, bucklig und steifbeinig, After und Schwanz sind durchnäßt. Sofort mit ihm zum Tierarzt, nur er kann vielleicht noch etwas retten!

Nachwuchs erwünscht

Konsequenzen der Hamsterzucht

Hamster sind zwar sehr fruchtbar und vermehren sich auch in Gefangenschaft problemlos. Trotzdem sollten gewisse Bedingungen gegeben sein, damit Sie und die Hamsterfamilie Freude an der Familiengründung haben.

Wenn ein Hamster Junge hat, darf man ihn ein bis zwei Wochen lang nicht stören (auch den Käfig nicht reinigen).

Platzbedarf

Bei Goldhamstern können die wenigsten Paare ständig zusammenbleiben, meistens beißt das Weibchen das Männchen direkt nach der Paarung, spätestens aber vor der Geburt weg. Sie kann es bei fehlender Fluchtmöglichkeit sogar töten. (Bei Zwerghamstern gibt es diese Probleme selten, meistens kann der Vater bei der Familie bleiben.) Zur Goldhamsterzucht benötigen Sie also zwei Käfige für die Elterntiere und einen weiteren für die heranwachsenden Jungen. Unter Umständen finden Sie nämlich nicht für alle Jungtiere sofort Abnehmer. Dann müssen Sie diese ebenfalls unterbringen können, und zwar nicht in einem provisorischen Verhau, sondern genauso gut wie die Alttiere!

Geruchsbelästigung

Da man während der ersten beiden Lebenswochen der Junghamster auf eine Käfigreinigung verzichten sollte, um das Weibchen nicht zu beunruhigen, kommt es zu einer gewissen Geruchsbelästigung bei der Goldhamsterzucht.

Und wenn die Jungen dann das Nest verlassen, benutzen sie die Klo-Ecke ihrer Mutter mit. Der Milchkot riecht aber etwas stärker, so daß der Käfig schneller »mieft«. (Bei Zwerghamstern tritt dieses Problem kaum auf.)

Mehrarbeit

Eine Hamsterfamilie verlangt natürlich einen größeren Pflegeaufwand als ein einzelnes Tier. Bei Goldhamstern sind es nun wenigstens zwei Käfige (für Vater und Mutterfamilie), die gereinigt und versorgt werden müssen. Mehr Futter muß gekauft werden, und wenn die Kleinen nicht gleich Abnehmer finden, wollen sie auch untergebracht und beschäftigt werden. Auch hier machen Zwerghamster wegen ihrer überwiegend familiären Lebensweise weniger Probleme.

Rücksichtnahme

Schon mancher Hamsterwurf ist von seiner verschreckten Mutter nach einer ungeschickten Nestkontrolle aufgefressen worden. Vorsichtige Nestkontrollen sind nur möglich, wenn der Schlafkasten ein aufklappbares Dach hat und das Muttertier außerhalb des Nestes beschäftigt ist.
Wenn der Hamster Ihrer Kinder Junge hat, ist es von Vorteil, wenn Sie den Käfig außerhalb der Reichweite Ihrer Sprößlinge aufstellen und ihn nur einmal täglich zur Fütterung kurz herunternehmen. Zu verlockend ist es nämlich, nicht nur selbst hineinzusehen, sondern auch den Freunden aus der Nachbarschaft die kleinen Hamsterbabys zu zeigen. Dadurch aber wird das Muttertier so beunruhigt, daß es seine Kleinen verlassen oder sogar auffressen kann. Falls Sie kein verschließbares Zimmer haben, sollten Sie den Käfig erhöht aufstellen. Dann jedoch nur an einer Stelle, wo die Kinder nicht durch Klettern auf ein benachbartes Möbelstück herankommen können. Dabei sind näm-

Störungen während der Zeit, in der die Jungen noch nackt und hilflos sind, können das Weibchen dazu bringen, die Welpen zu verlassen oder gar zu töten

lich nicht nur Hamsterkäfige, sondern auch schon Kinder abgestürzt!
Auch das zahmste und spielfreudigste Hamsterweibchen ist während der gesamten Säugezeit, die etwa drei Wochen dauert, nicht an »Beschäftigung« interessiert. Selbst das sonst so beliebte Laufrad wird in dieser Zeit fast kaum benutzt. Auslauf außerhalb des Käfigs bedeutet für die Hamstermutter sogar Streß, weil der Geruchskontakt zu den Jungtieren dabei abreißt. Um erfolgreich zu züchten, muß man also soviel Selbstdisziplin aufbringen, daß man Mutter und Kinder in den ersten drei Wochen weitgehend in Ruhe läßt und das Treiben nur beobachtet.

Unterbringung der Jungtiere

Hamster wachsen schnell heran, so daß man sich von vornherein Gedanken über die Unterbringung der Jungtiere machen muß. Wenn die Zoohandlungen in Ihrer Umgebung überquellen vor Hamstern, hat die Zucht keinen Sinn. Fragen Sie Zoohändler und Bekannte auf alle Fälle vorher nach der Bereitschaft, Junghamster abzunehmen.

Das Heranwachsen der Kleinen miterleben ist besonders für Kinder ein Erlebnis

Die Hamsterhochzeit

Erinnern wir uns daran, daß bei den Hamstern die Weibchen stärker ihr Revier verteidigen als die Männchen. Aus diesem Grund dürfen wir nicht einfach den »Ehemann in spe« in den Käfig der Hamsterdame setzen, sie würde ihn verjagen, verletzen oder sogar töten. Richtiger ist es, die streitbare Hamsterin in die Unterkunft des Männchens zu setzen und gut zu beobachten. Bei Anzeichen eines ernsthaften Streites (die Tiere bewegen sich zuerst quasi in »Zeitlupe« und dann plötzlich hektisch umeinander herum) müssen die beiden Hamster sofort getrennt werden! Geben sich die Hamster aber ruhig und gelassen, interessieren sie sich füreinander, dann haben wir gute Chancen. Manchmal aber kommt es erst nach zehn oder mehr Minuten plötzlich zu einem Kampf. Bleiben Sie also lange genug auf der Hut! Am günstigsten ist es, wenn Sie die Hamster in den Abendstunden, wenn beide wach sind, miteinander bekannt machen. Seien Sie auch darauf vorbereitet, daß Sie das Zusammensetzen an mehreren Abenden hintereinander probieren müssen.

Sinnvoll ist es, wenn Sie die beiden zur Zeit der Paarungsbereitschaft des Weibchens, die im Abstand von 4–6 Tagen regelmäßig auftritt, zusammenbringen. (Bei Zwerghamstern ist sie nicht eindeutig zu erkennen, hier muß man experimentieren und die Entscheidung den Partnern überlassen.) Bei Goldhamstern läßt sich die »Hitze« des Weibchens leicht feststellen. Wenn Sie das Tier am Rücken streicheln oder am Hinterteil berühren, wird es stocksteif, stellt die Hinterbeine weit auseinander und reckt den Schwanz senkrecht hoch, wobei der Rücken durchgebogen wird. Das ist die Paarungsaufforderung. Läßt man nun das Männchen dazu, wird es sich sofort für das sich anbietende Weibchen interessieren. Übrigens sondert das Weibchen während der Hitze einen Sexuallockstoff ab, der auch für menschliche Nasen spürbar ist.

Diese schwarze Goldhamsterdame zeigt ihre Paarungsbereitschaft durch den senkrecht hochgestellten Schwanz

Der Paarung von Goldhamstern geht in der Regel ein Werbeverhalten voraus, das einem spielerischen Kampf ähnelt. Dabei kommt es zu Verfolgungsjagden und Balgereien. Schließlich beriechen und belekken sich die Hamster gegenseitig die Genitalien, woraufhin dann bald die Paarung erfolgt. Dabei nimmt das Goldhamster-Weibchen die oben beschriebene Haltung ein, und das Männchen reitet auf. Nach der

Paarung säubern beide Tiere ihre Genitalien. Im Laufe der Zeit kommt es zu einer ganzen Reihe von Paarungen, bis die Bereitschaft des Weibchens nachläßt und es den Partner abwehrt. Beobachten Sie die Tiere genau, um zu sehen, ob Sie das Männchen jetzt abtrennen müssen. Manchmal duldet es das Weibchen noch, bis es zwei Drittel der Tragzeit hinter sich hat, manchmal sogar bis zum Werfen.
Auch Zwerghamster kennen spielerische Jagden und Balgereien im Paarungsvorspiel, doch läuft bei ihnen alles quasi im »Zeitraffertempo« ab. Die Initiative geht dabei regelmäßig vom Männchen aus, das buchstäblich in Hektik verfällt, wenn es die beginnende Hitze des Weibchens bemerkt. Anfangs läßt sich das Weibchen noch nicht decken, ja es versucht sogar, durch Pressen des Hinterteils auf den Boden das Männchen abzuwehren. Der auf diese Weise abgewiesene »Ehemann« versucht aber mit allen Tricks, die spröde Dame umzustimmen. Er beleckt sie, klettert über sie hinweg, versucht, sich unter sie zu graben, und fährt mit der Nase unter ihr Hinterteil, um es hochzudrücken. Dabei geht er nicht unbedingt sanft mit der Dame seines Herzens um, manchmal schleudert er sie sogar regelrecht hoch! Das Weibchen läßt aber alles mit wahrer Engelsgeduld über sich ergehen. Schließlich läßt sie ihren stürmischen Liebhaber zum Ziel kommen. Dabei denkt sie aber keineswegs daran, ihm die Paarung durch eine bestimmte Körperhaltung zu erleichtern, wie es ein Goldhamster-Weibchen tut. Die eigentliche Paarung wirkt daher auf nicht eingeweihte Beobachter fast wie eine Vergewaltigung, aber das sieht nur so aus. Auch Zwerghamster belecken sich nach der Begattung die Genitalien, wobei sie vor lauter Eifer oft vornüber purzeln. Ihre Paarungen folgen manchmal im Abstand von Sekunden nacheinander.
Praktisch alle Dsungarischen, Campbell- und Roborowski-Zwerghamster, die heute angeboten werden, stammen aus Paar- bzw. Familienzuchten, in denen das Männchen ständig beim Weibchen bleiben kann. Lediglich beim Chinesischen Streifenhamster kommen auch noch Nachzuchten aus unverträglichen Zuchtlinien in den Handel, daneben aber in zunehmendem Maße auch Jungtiere aus Koloniezuchten. Falls Sie die genaue Herkunft Ihrer Streifenhamster nicht kennen, beobachten Sie Ihr Paar genau; vielleicht müssen Sie das Männchen doch abtrennen.

Goldhamsterhochzeit: Beobachten Sie die Tiere genau, denn es kann passieren, daß das Weibchen das Männchen schon kurz nach der Hochzeit nicht mehr duldet und wegbeißt

Die Kinderstube

Kurz vor der Geburt zieht sich das trächtige Weibchen in das dann schon besonders sorgfältig ausgepolsterte Nest zurück. Geburtsschwierigkeiten brauchen Sie nicht zu befürchten, denn die Neugeborenen sind sehr klein und verursachen keine schwere Geburt. Das gebärende Weibchen sitzt auf dem Hinterrücken und beleckt ständig seine Genitalien, die Jungtiere gleiten also nach vorn aus dem Mutterleib. Sie werden oft schon abgenabelt, bevor sie diesen ganz verlassen haben; die Nachgeburt folgt dann. Jedes der nackten und blinden Neugeborenen wird sorgfältig trockengeleckt. Das Ablecken dient dabei nicht nur der Säuberung, es festigt auch die Mutter-Kind-Bindung und bringt vor allem die Durchblutung des Jungen in Gang. Unterbleibt das Belecken durch die Mutter, kann das Neugeborene nicht überleben!

Hamsterweibchen liegen beim Säugen über ihren Jungen

Ein sieben Tage alter Goldhamsterwelpe

Totgeborene Junge werden verzehrt, um das Nest nicht zu verseuchen. Auch die Nachgeburt wird aufgefressen, was sehr wichtig ist, denn die in ihr enthaltenen Hormone regen den Milchfluß an.

Erst wenn alle Jungtiere zur Welt gekommen sind, macht das Muttertier eine »Ganzwäsche« und reinigt das Nest von allen Blutresten. Danach bekommen die Neugeborenen ihre erste Milchmahlzeit.

Säugende Hamsterweibchen liegen oder sitzen auf den Jungen und nicht vor ihnen wie zum Beispiel Hunde und Katzen.

In der ersten Lebenswoche dient den Hamsterwelpen ihr unbehaarter Bauch als Temperaturfühler: wo es warm ist, ist Mutters Bauch mit den lebensspendenden Zitzen. Erst später verfeinern sich Geruchssinn und Gehör und dienen der Ortung des Muttertieres.

Die Kleinen wachsen sehr schnell. Am dritten Tag ist schon die Pigmentierung der

Rückenhaut deutlich zu sehen, bei Streifen-, Dsungarischen und Campbell-Zwerghamstern auch der kennzeichnende Rükkenstreifen. Am fünften Tag bedeckt zarter Flaum den Körper und wird schon in den nächsten beiden Tagen zu einem dichten Fell; der Bauch bleibt etwas länger unbehaart. Bei weiblichen Jungtieren sind nach acht Tagen bereits die Zitzen zu erkennen. Die Bewegungen der Welpen werden jetzt immer zielgerichteter und sicherer, und mit rund 12 Tagen verlassen sie erstmals selbständig das Nest. Dabei sind ihre Augen meistens noch verschlossen, sie öffnen sich erst einen bis zwei Tage später. Von da an werden die Hamsterjungen immer unternehmungslustiger. Sie spielen viel miteinander und können sich jetzt auch schon allein sauberhalten, auch das »Klo« der Eltern wird nun mitbenutzt.

Kurz vor Ende der Säugezeit beginnt das sogenannte Flohalter, in dem die Jungen plötzlich umherhüpfen und schwierig zu bändigen sind. Diese Periode dauert zwischen einer und zwei Wochen.

Im Alter von drei Wochen werden die nun schon kräftig herangewachsenen Hamster-»Teenager« entwöhnt. Normalerweise dürfen sie noch eine Weile bei der Mutter bleiben, doch zerstreuen sie sich unter natürlichen Bedingungen bald in alle Winde. In menschlicher Pflege heißt das

Hamster wachsen schnell heran, dieser kleine Goldhamster ist erst 20 Tage alt

dann bei den unverträglicheren Goldhamstern, daß man die »Halbstarken« abtrennen muß, bevor sie von ihrer Mutter, die jetzt wieder allein sein möchte, weggebissen werden. Manchmal kann man aber auch ein weibliches Jungtier bei der Mutter lassen. Zwerghamster sind eher zur Bildung von Familiengruppen bereit.

»Ausgewachsen« sind Hamster im Alter von rund drei Monaten. In Anführungszeichen setze ich es deswegen, weil manche (namentlich Zwerghamster) noch bis an ihr Lebensende langsam weiterwachsen können; eine Eigenschaft, die sie mit ihren Verwandten, den Wühlmäusen, gemeinsam haben.

Liebhaber gesucht

Hamster können Sie auf die gleiche Weise abgeben, wie Sie sie erwerben können: über Zoohandlungen und Zeitungsinserate sowie natürlich an Privatleute aus dem Bekanntenkreis.

Nicht alle Zoohändler nehmen Nachzuchten von Privatleuten. Manche haben schlechte Erfahrungen gesammelt, wenn ihnen kranke Tiere angedreht wurden. Haben Sie deshalb Verständnis, wenn Ihr Zoohändler einen Ankauf ablehnt. Ist er aber bereit dazu, möchte er natürlich die Hamster auch sehen. Nehmen Sie sie also mit in die Zoohandlung. Ob Sie für die Hamster Geld oder Naturalien bekommen (zum Beispiel Hamsterfutter), ist von Händler zu Händler unterschiedlich.

Für Zeitungsinserate möchte ich Ihnen einen guten Tip geben. Schreiben Sie nicht einfach »Hamster abzugeben«. Geben Sie die Anzeige schon auf, wenn die Tiere zwei Wochen alt sind, etwa mit dem Wortlaut:

»In zwei Wochen sind nestjunge Hamster preiswert abzugeben. Besichtigung schon jetzt möglich!«

Auf diese Anzeige reagieren mit Sicherheit mehr Interessenten!

Auch Ihre Bekannten können Sie schon frühzeitig ansprechen. Sie sollten die Hamster im Alter von vier Wochen abgeben, denn sonst laufen Sie Gefahr, daß sich die dann geschlechtsreif werdenden Jungen paaren und gleich weitervermehren. Seltene Farbschläge bei Goldhamstern und alle Zwerghamster finden oft auch

Kümmern Sie sich rechtzeitig um liebevolle Abnehmer für den Nachwuchs

überregional Abnehmer. Anzeigen können Sie in Tierzeitschriften setzen, besonders in die schon erwähnte »Geflügelbörse«. Falls sich ein Verschicken der Tiere per Bahnexpreß nicht vermeiden läßt, holen Sie sich bei einem erfahrenen Züchter oder bei einem Zoohändler Rat, wie die Hamster fachgerecht »verpackt« und für den Transport versorgt werden müssen. Keine Lösung ist natürlich, die Junghamster einfach irgendwo freizulassen. Ich habe es schon in anderen Kapiteln erwähnt, doch kann man gar nicht oft genug darauf hinweisen! Es gibt immer wieder Tierquäler, die ihre Hamster aussetzen und damit das sichere Todesurteil über ihre angeblichen Lieblinge fällen. Die sogenannte goldene Freiheit ist für die Tiere nur im menschlichen Wunschdenken »golden«.

Hamsterzucht in Stichworten

Mindestalter der Elterntiere

Zur Zucht sollten die Hamster – egal ob Gold- oder Zwerghamster – mindestens 6–8 Wochen alt sein. Zwar werden sie schon wesentlich früher (mit 4 Wochen) geschlechtsreif, doch verhindert eine zu frühe Zucht eine normale körperliche Entwicklung.

Paarweise Haltung?

Bei harmonierenden Zwerghamsterpaaren kann das Männchen auch während Geburt und Aufzucht bei dem Weibchen bleiben.

Bei streitlustigen Zwerg- und allen Goldhamsterpaaren sollte es spätestens vor der Geburt abgetrennt werden, und zwar nicht nur durch einen Gitterschieber! Die auch geruchliche Nähe des Männchens bewirkt nämlich ständige Verteidigungsbereitschaft und verursacht somit auf Dauer Streß, den das Weibchen mit Unruhe und schließlich mit dem Verlassen oder gar Töten der Jungtiere beantwortet. Trotz aller Zuchtversuche in dieser Richtung sind allzeit verträgliche Goldhamsterpaare (noch) äußerst selten!

Zwei aneinander gewöhnte Weibchen können dagegen bei allen Arten normalerweise auch zusammenbleiben, wenn eines oder gar beide Junge bekommen. Im Notfall sollte aber immer ein zweiter Käfig bereitstehen! Wie ich vorher schon erwähnt habe, halte ich Dsungarische und Campbell-Zwerghamster in Gruppen von einem Männchen und zwei bis drei Weibchen, die ständig zusammenbleiben und auch gemeinsam die Jungen aufziehen. Von Streifen- und Goldhamstern sind mir ähnliche Zuchten bekannt, doch wird bei den Goldhamstern trotzdem meist vorsichtshalber das Männchen entfernt, sobald Junge kommen. Lediglich die kleinen Roborowski-Zwerghamster scheinen nur bei Paarhaltung zu züchten.

Tragezeiten und Wurfgrößen

Hamsterart	**Trächtigkeit in Tagen**	**Durchschnittliche Welpenzahl pro Wurf**
Goldhamster	16–19	6–8
Chinesischer Streifenhamster	20–22	5–7
Dsungarischer Zwerghamster	19–22	4–7
Campbell-Zwerghamster	17–20	4–6
Roborowski-Zwerghamster	19–22	3–5

Säugezeit

Junge Hamster bekommen drei Wochen lang Muttermilch, fangen aber schon mit zwei Wochen an, feste Nahrung zu fressen.

Ein fünf Wochen alter Campbell-Zwerghamster mit Wachstumsstörungen

Absetzen von der Mutter

Mit dem Ende der Säugezeit (etwa drei Wochen), die sich bei extrem großen Würfen auch durchaus verlängern kann, kann man die Jungen von der Mutter trennen. Ich ziehe es jedoch vor, sie noch eine Woche länger bei ihrer Mutter zu lassen.

Entwicklung der Jungtiere

Je nach Größe des Wurfes entwickeln sich die Welpen. Junge eines Zwillingswurfes wachsen natürlicherweise schneller als Achtlinge. So hatte ich zum Beispiel zwei Würfe Dsungarischer Zwerghamster, die im Abstand eines Tages zur Welt kamen, einer mit zwei und einer mit sieben Jungen. Die Junghamster des ersten Wurfes waren nach 16 Tagen doppelt so groß wie die Siebenlinge im gleichen Alter! Daher kann sich bei kleinen Würfen auch die Säugezeit des Weibchens verkürzen.

Ernährung der Mutter

Im Prinzip kann die Mutter die normale Futtermischung weiterhin bekommen. Allerdings muß man auf ausreichende Feuchtigkeitsversorgung des säugenden Weibchens achten, damit es genügend Milch bilden kann. Ganz wichtig ist, daß das Weibchen während der Trage- und Säugezeit genügend tierisches Eiweiß bekommt, denn in dieser Zeit hat sie einen vermehrten Bedarf. Wird der nicht gedeckt, kann es vorkommen, daß das Muttertier die Jungen auffrißt.

Wenn die Jungen mit der Aufnahme festen Futters beginnen, kann man ihnen dies zunächst durch eine reichlichere Beimengung feiner Sämereien (Wellensittichfutter) erleichtern.

Probleme bei der Hamsterzucht

Nicht immer überleben alle kleinen Hamster eines Wurfes. Das kann unterschiedliche Gründe haben.

1. Das Weibchen wirft zum ersten Mal. Dann können die Milchdrüsen unter Umständen noch nicht richtig arbeiten, oder das Weibchen erdrückt aus Mangel an Erfahrung seine Jungen.
2. Das Weibchen hat nicht genug Milch: Dann muß man für bessere Flüssigkeitsversorgung sorgen!
3. Im Futter fehlt tierisches Eiweiß, das Weibchen frißt seine Jungen (oder einen Teil davon), um den Eiweißmangel auszugleichen.
4. Die gestorbenen Jungen waren von Geburt an krank.
5. Das Weibchen ist stark beunruhigt worden und verläßt die Jungen oder tötet sie sogar.

Daß Hamster ihre Jungen fressen, klingt grausam, hat aber einen natürlichen Sinn. Würde das Hamsterweibchen gestorbene oder getötete Junge nicht auffressen, würde der Verwesungsprozeß das ganze Nest verseuchen und der Geruch Feinde aufmerksam machen. Es ist kein Gefangenschaftsmerkmal oder gar eine Geistesstörung, auch wenn übereifrige Tierschützer das oft behaupten!

Register